教育部人文社会科学研究规划基金结项成果，项目批准号：12YJA860014
国家广电总局部级社科研究项目结项成果，项目编号：GDT1230

传播新视点丛书

超越传统
电视影像传播的嬗变

王长潇 曾辉 著

中国传媒大学出版社

目 录

绪 论 　　　　　　　　　　　　　　　　　　　　　　　1

上编　格局重构
　　　——媒介融合背景下的电视影像传播

第一章　电视传播内容资源的整合与重构　　　　　　　7
　第一节　电视内容资源整合与重构的新格局　　　　　7
　第二节　电视内容资源整合与重构的应对策略　　　　12
第二章　电视传播平台与渠道的重构　　　　　　　　　16
　第一节　电视传播信号网向信息数据网的转换　　　　16
　第二节　电视传播平台与网络平台的融合　　　　　　19
　第三节　电视传播向移动网络的扩展　　　　　　　　22
第三章　电视传播终端的智能化与移动化演进　　　　　26
　第一节　智能化开辟电视影像传播的新格局　　　　　26
　第二节　移动终端带来的整合传播　　　　　　　　　31
　第三节　终端：人机交流的遥控器、鼠标和触摸屏　　34
第四章　媒介融合带来受众与电视关系的演变　　　　　38
　第一节　媒介融合引发的受众分化　　　　　　　　　38
　第二节　重构电视在受众中的中心位置　　　　　　　43

中编　路径拓展
　　——电视媒体与视听新媒体融合发展的新趋势

第五章　建设平台型网络电视台的发展路径　　　　　　　　49
　第一节　从视频网站到平台型网络电视台　　　　　　　　49
　第二节　中国网络电视台发展现状分析　　　　　　　　　54
　第三节　web2.0背景下电视媒体网站的困境与拓展　　　 61
第六章　融合网络视频传播的发展路径　　　　　　　　　　68
　第一节　传统电视整合网络视频的策略与实践　　　　　　68
　第二节　视频分享传播对传统电视的影响　　　　　　　　75
第七章　打造完整网络化产业链及推进电视产业体制创新　　78
　第一节　打造完整网络化电视产业链　　　　　　　　　　78
　第二节　推进网络化电视产业体制创新　　　　　　　　　84
第八章　电视媒体融合视听新媒体的可持续发展原则及模式　88
　第一节　电视媒体融合视听新媒体的可持续发展原则　　　88
　第二节　电视媒体融合视听新媒体的可持续发展模式　　　95

下编　媒体延伸
　　——多维视野中的视听新媒体的新发展

第九章　播客自媒体的新发展　　　　　　　　　　　　　　103
　第一节　播客自媒体发展的社会语境及影响力　　　　　　103
　第二节　播客互文性文本符号构成及意义生成　　　　　　111
　第三节　播客自媒体公民意志的再传播及其平台商业模式
　　　　　及监管自律　　　　　　　　　　　　　　　　　120

第十章　户外分众影像传播的新发展　132

第一节　楼宇数字电视与楼宇广告电视的兴起及其经营模式比较　132

第二节　当代社会语境下户外分众影像传播的成因及发展趋势　137

第三节　户外分众影像传播塑造社会映像的消费主义指向及其反思　146

第十一章　手机影像传播的新发展　155

第一节　手机影像传播的积极作用以及伴生问题　155

第二节　手机媒体传播的新发展　163

第三节　手机新部落文化的形成、特色及反思　171

第十二章　网络视频分享传播的新发展　181

第一节　网络视频分享中的"自我呈现"　181

第二节　网络视频分享网站对传统机械复制影像的解构与拓展　192

第三节　从乌合表达到理性传播　202

结　语　215

参考文献　223

后　记　226

绪　论

我们正处于信息科技大发展的时代,它开始于 20 世纪 60 年代,繁荣于 20 世纪 90 年代,一直到 21 世纪的今天,信息化、数字化已成为当今社会的符号标志和突出特征。正如弗兰克·韦伯斯特所说:"信息在社会上的优先性力量已经维持了几十年,而且现在也没有任何迹象表明信息将要退出人们的视线。我们此刻正在进入由新'信息模式'支配的时代。"①信息社会背景下,以数字技术、网络技术为基础,衍生出越来越多的新媒体形态,同时传统大众媒体的属性及功能也在逐步演变。

作为一个传统的大众媒介,电视媒体的出现得益于现代社会的工业化,工业化进程造就了物质生产的极大丰富。与此同时,现代工业技术也促成了电视这种大众化媒介的发明,这种通俗的大众媒介很快流行并以影像的形式传播了与工业时代膨胀的物质生产相对等的文化内容。电视技术以尼普可夫转盘发明为代表,它利用光磁感应远距离传输影像,也是第一个关于电视的技术专利。成熟模式的电视出现于 20 世纪 40 年代,开始普及于 20 世纪 50 年代,在很短时间内,电视就在欧美发达国家得到普及。根据《美国广播电视史》的研究,"在所有主要的通讯技术中,电视的扩散速度最快,在公认电视诞生后大约 8 年的时间里,超过一半以上的

---

① 〔英〕弗兰克·韦伯斯特著,曹晋等译:《信息社会理论》,北京大学出版社 2011 年版,第 2 页。

美国家庭拥有了电视机。"①如今的电视与几十年前已经有了很大区别,随着信息技术的发展,电视影像传播突破了原有电视终端外在形式的限制,诸如数字电视、高清电视、网络电视、IP电视及移动电视等诸多新概念的电视影像传播形态不断出现。然而无论借助何种设备终端,电视影像传播才是电视这个概念的核心意义。

电视影像传播属于视觉传播及视觉文化的一部分,人类原始社会机制形成中,视觉符号及影像媒介对建构早期人类社会的总体认知起到了关键作用。早期的图腾、壁画及绘画艺术,形成了古代初级的图像表达媒介,自工业化开启现代社会进程后,以摄影术的发明为开端,人类社会开始步入现代影像媒介消费时代。摄影术开创了影像复制的机械时代,如本雅明所说:"人类的手不再参与图像复制的主要艺术性任务,从此这项任务是保留给盯住镜头前的眼睛来完成。"②摄影术推动了其后电影的发明,电影是最早的现代视听媒介,它的发展重点在于影像内容的拍摄与表达。电视媒介则不同,它的发明主要解决影像传输的问题,在促进影像传播效果方面,电视媒介更注重技术而非文本。借助于影像传输技术,电视媒介将影像内容带入大众生活之中。作为生活中的伴随性媒体,电视普遍被放置于家庭的显著位置,成为了人们日常生活中最主要的影像媒介。

与电视媒体在人们生活中所处的显著位置不相称的是学术界对其的研究并没有实现足够规模,相比之下,同样是影像媒介的电影受到的理论关注要更多一些。其中部分原因在于同样作为影像媒介,电视出现晚于电影,它在影像传播史上的开创性功用并不显著。传统对电视影像的研究多将其置于文化批判的语境中,如费斯克所认为的"电视是一种文化,

---

① 〔美〕罗伯特·L.希利亚德、迈克尔·C.基思著,秦珊译:《美国广播电视史》,清华大学出版社2012年版,第2页。
② 〔德〕瓦尔特·本雅明著,许绮玲、林志明译:《迎向灵光消逝的年代》,广西师范大学出版社2004年版,第59页。

是使社会结构在一个不断生产和再生产的过程中得以维系社会动力的重要组成部分"。① 研究电视影像文化,重点在其内容文本所表达的深层社会意义,以及受众在影像解读中可能形成的潜在影响。当然,这种影响多被认为是偏于负面的,如尼尔·波斯曼担心的电视显然对社会文化及受众带来更多的是破坏。不过,通过对电视受众及效果的研究,可以看出电视受众并非容易被电视影像所左右,电视媒介对受众的影响效果是有限的。尼古拉斯·阿伯克龙比谈到观众与电视的关系时认为,"电视在某些情况也只是被用作一种持续不断的噪音,在这个背景下,其他活动(家务工作或家庭交谈)得以开展"。② 在这类研究中,电视媒介被归于消遣类功用的媒体,其存在意义多被认为是伴随性和娱乐性,如同约翰·塔罗克在其《电视受众研究》中认为的能够深度参与投入情感的观众显然为数较少。综合来说,电视影像传播中的受众更多地表现为浅参与,这种浅参与使受众得以游离于影像文本的干预之外。电视是典型的大众媒介,它的通俗化、娱乐化使其远离严肃的学术研究。当然,在媒介技术推动下电视影像的传播方式、形态与功用也在不断发生变化,尤其在媒介融合背景下,电视影像传播需要被重新认识、挖掘与研究。

---

① 〔美〕约翰·费斯克著,祁阿红等译:《电视文化》,商务印书馆 2005 年版,第 5 页。
② 〔英〕尼古拉斯·阿伯克龙比著,张永喜等:《电视与社会》,南京大学出版社 2002 年版,第 171 页。

上编　格局重构
——媒介融合背景下的电视影像传播

新兴媒体的快速发展及其影响力正在促使传统电视媒体处于不断发展变化中，这种变化从基本技术层面一直延伸到整个产业链。媒介融合时代，传统电视媒体面临着融合发展中的格局重构、媒体拓展与延伸，这些变化将反映在电视影像传播的整个链条中。全面理解新媒介环境下电视影像传播中内容、平台与渠道、终端、受众及传者几方面的变革，有助于我们探索媒介融合背景下电视媒体超越性发展的有效路径与模式。

第一章　电视传播内容资源的整合与重构

"内容为王"是大众媒介传播者的一致共识,也是大众媒介的核心竞争力。对于电视影像产业来说,其传输的电视节目内容是其最重要的资源,毕竟吸引观众的不是电视机而是电视节目。视听新媒体涌现后,虽然分流了大量电视观众,但从视频网站的点击分布看,大部分点播节目来自传统电视台。也就是说转向网络视听新媒体的受众,其实还是乐于收看传统电视媒体的节目,只不过是换了一个渠道,原来是面对电视机,现在是面对显示器或者手机屏幕。可见,优秀电视节目内容无论在什么传播平台上都是受欢迎的,对于电视业而言,重点在于把握内容资源,利用自身内容生产优势谋求媒介融合时代的新发展。

第一节　电视内容资源整合与重构的新格局

媒介融合背景下,多平台的融合扩展影响了内容资源的传播渠道,以此变化为前提,电视影像内容的生产机制、制作手段、传播方式以及内容资源的整合与重构出现了新的发展格局。尤其媒介技术的发展为影像内容制作提供了低门槛而又专业的制作系统。

一、媒介技术促成影像内容制作的开放格局

借助数字化影像摄录采集制作系统,只需要较低的投入就可以生产专业化的影像内容,尤其对于个人用户和小型机构来说,得以参与专业影像内容的制作和传播。以往的电视节目制作往往需要很大的设备投入,即使是电视上播放的普通节目也多是由广播级摄录设备拍摄完成,其后期制作主要依赖于以硬件采集处理为核心的大型编辑系统,这对于个人及小型机构来说是很难实现的。进入20世纪90年代后,数字摄录设备开始普及,数字摄录设备的核心为光电感应器,记录介质为存储卡或便携硬盘,记录文件为数字格式,数字化的改进使专业摄录设备进一步小型化和低廉化。与此同时,数字格式的影像文件更容易编辑,可以便捷地采集、编辑和发布,基于数字化技术的进步,个人和小型机构越来越多地参与到影像内容的制作中,借助于网络的传播平台,形成了近些年的个人影像创作浪潮。

一方面,随着移动终端技术进步,手机等智能移动设备也具备了摄影、摄像的功能,并且其摄像系统的清晰度和易用性逐渐提高,一些高端的移动设备在光线条件较好的环境中往往能拍摄出与专业摄像设备画面质量相当的视频。基于手机、便携音乐播放器、便携平板电脑等设备的拍摄功能的升级,影像内容制作的来源更是得到了极大的扩展。借助活跃于事件发生现场的移动终端,往往能采集比专业电视台更有实效性和临场感的影像,而且借助于移动网络,所拍摄的影像内容也能实时传播发布,拥有了个人微型电视传播机构的基本模式。技术元素已经成为了电视影像内容生产的重要推动力,媒介技术极大扩展了影像内容制作的便利性,不只是个人用户,就连电视机构也能借助于技术进步更加有效率地进行内容生产。数字化影像生产模式有利于电视节目内容数据库的建立,基于数字文件存储和检索的便捷性,电视机构内容资源库得以建立和丰富,并借此发挥自己的内容优势。

另一方面，传统电视影像内容来源本来就是多元化的。电视机构本身直接参与一部分内容的制作，主要是新闻报道类、综艺栏目类的节目，而电视剧集及娱乐消遣类的节目多是由商业影视制作机构完成。更多影视制作机构的参与有利于提升电视节目的丰富度，而数字技术降低了影像内容制作的门槛，个人和小型制作机构参与到专业影视制作中，这些影像内容除了在网络视听新媒体平台传播外，也正成为电视内容的重要来源。正是技术革新带来内容生产的开放格局，从而进一步完善了电视内容资源构成体系。

二、媒介融合加速影像内容生产多元化

媒介融合背景下，传统大众媒介与网络新媒体从内容制作、传播平台及终端等多方面产生了融合发展的趋势，就影像内容生产来说，跨媒介影像内容的多元化生产给传统电视提出了挑战。

首先，多元化影像内容的生产表现在传统纸质媒介向影像媒介的扩展。传统的报纸、期刊、图书等纸质媒介传播形式与电视这类影像媒介有很大不同，然而进入新媒介时代，依托网络平台及数字终端，一些大型报纸机构已经可以在其新闻网络平台上传输多种形式的内容。除了传统的文字、图片等静态内容，自制视频报道内容也正成为其主推内容，如华尔街日报等大型报业巨头，其新闻门户的视频报道占据了很大比重。基于视频制作传播技术的发展，各类型传播机构都可以加入视频内容生产中，如新华社，文字消息之外的视频报道内容正趋向于完备化和专业化，逐渐具备了与传统电视台规模相当的影像内容资源库，其影像内容的传播效果也相比原有单一文字图片为主的内容模式有了很大提升。当然，传统纸质媒介向影像内容的跨界发展主要还是依托其网络平台，利用原有的采访报道队伍，借助便捷的影像制作设备，很容易加入到影像内容的制作中。而传统纸质媒介利用自身原有的媒介资源优势，往往能生产具备独创性的影像内容。

除了传统纸质媒介利用网络平台进行影像内容生产及传播,大型网络门户网站及专门的网络视听新媒体在影像内容制作上占据的位置也越来越重要。早期的网络门户网站及网络视听新媒体发展重点放在了平台建设上,其影像内容多来自电视机构及个人用户。随着网络产业的发展,网络视频行业对内容资源的竞争越来越激烈,网络视听新媒体急需优质影像内容资源来吸引更多用户关注,对优质影像节目资源的争夺加剧了网络视听媒体的采购运营成本,成本的压力和对影像内容资源的需求迫使网络视听媒体将重心转向自制影像内容上。自制影像内容不仅完善了网络视听新媒体的内容体系,解决了其内容布局上原有的缺陷,自制影像内容相比购买现成节目投入少,而相比用户上传的影像内容,其自制节目的质量和专业性要高很多。综合来说,影像内容生产的多元化极大丰富了原有的影像内容传播,原有以电视内容为主体的传播模式被逐渐改变,电视影像内容的生产被置于多元化竞争的格局之中。

三、网络化提供了跨地域的影像内容传播

传统电视节目依靠广播网、有线网及卫星传播,虽然对传播距离没有明显的限制,但总体来说,传统电视是地域性很强的媒介。电视台及附属频道总是有针对性地在某些特定地域范围传播,限定范围外的地区接收信号是很困难的。虽然卫星传播一定程度上突破了地域限制,但基于卫星信号加密传输和用户授权系统的管理,卫星传播本质上也是服务于特定地区,而在城市中,电视信号主要依赖于有线网络的传输,地域性会更强一些。

然而,信息时代背景下,这种地域性的限制逐渐被技术所突破,数字技术和网络技术造就了地球村的概念,原有媒介传播的地域性和空间限制被消解,全球化成为了当前大众媒介发展的一个突出特征。如大卫·

克罗图所描述："全球化不仅仅是远距离通讯技术的创新，重要的是它涉及了世界上不同地区文化的交流与合并，尤其是大众媒介，其全球化是指作为文化产品的传播内容可在全球范围内获得。"[1]受众面对的不再只是局限于本国或本地区的某些固定节目源，基于网络传播平台，受众面对的影像内容得到了全球化的扩展，受众面临的内容选择变得多样化，进而原有电视内容生产和传播的竞争平台也由区域性的小范围扩大到了全球化的视野下。一方面，国内的网络视听新媒体大量引入国外的各类节目内容，这其中有的是个人用户上传，有的是通过版权协议引进，形成了对全球电视内容资源的二次传播。另一方面，网络的开放性使全球用户信息获取受到的限制最小化，国内用户也可以浏览全球其他地区的各类视听媒体，网络传播使用户的跨地域接收影像内容成为可能。还有，随着网络带宽的扩展以及网络电视的发展，通过网络在线收看全球主要电视媒体的在线直播成为可能。提供这类服务既有专门应用软件也有基于网页的直播服务网站，在这些网络直播平台上，受众能收看到全球主要国家数百个电视的实时直播信号。总之，全球化传播正在成为未来电视影像传播的一个重要发展趋势。

当然，关注到全球化带来丰富内容选择的同时，也应考虑到全球化节目传播的局限性。电视影像内容带有其固有的文化属性，不同文化间交流和理解存在着种种障碍，即使从技术层面电视影像具备了全球范围的传播能力，其实际传播效果也远远达不到技术扩展所至的范围，跨国影像内容只能被部分有文化认同的群体所关注，全球化不代表全球的统一。一方面，文化的差异性吸引了人们对其他国家文化内容的关注；而另一方面，这种差异性又阻碍了人们对跨文化影像内容的接受与认同，从而产生了"文化折扣"现象。

---

[1] 〔美〕大卫·克罗图、威廉·霍伊尼斯著，邱凌译：《媒介·社会：产业、形象与受众》，北京大学出版社 2009 年，第 397 页。

第二节　电视内容资源整合与重构的应对策略

面对电视影像内容生产格局的变化,需要电视业做出相应的调整,抛开依赖于从电视广播网到用户电视终端的传统模式,回归到内容生产方上,整合内容资源,以全媒体传播平台为目标,为电视网、互联网以及移动网络提供共享的节目信息,发挥电视机构制作节目的一贯优势。

一、把握电视核心内容资源

相比个人用户上传的视频短片,电视台制作的节目显然更加精良,而这其中最具核心价值的部分为新闻报道类内容:新闻类、直播类、纪实类的节目。这类节目资源几乎是电视台独有的,可以说是其竞争核心资源。面对电视影像生产的多元化,收回阵地,坚守自身的优势资源是最主要的发展策略。新闻报道类节目是电视最具优势的部分,也是吸引受众关注电视的主要方面,电视新闻的影像报道是对社会客观的直观、形象的反映,是受众主要的新闻讯息来源。电视与电影类似,诞生初期的主要内容多是纪实性的,再现了早期社会的现实,并且在电视影像存储技术没有应用前,电视节目几乎都是直播类的现场节目,对于受众来说,电视带来的现实体验是其他媒介所不能给予的。随着录像带的发明应用,节目内容也相应扩展,除了纪实性新闻报道类节目外,还加入了大量的艺术化的虚构内容,使电视原有的权威性和严肃性大大消解。大量艺术化虚构类电视剧集及娱乐节目逐渐在电视内容体系中占据主要部分,电视的娱乐化追求很快受到了学术界的批评,这时的电视媒介更多地被视为大众娱乐消遣的工具。

如果以娱乐消遣媒介来看待电视,那么如今电视媒介受到网络视听新媒体的巨大冲击,也就容易理解了。网络视听新媒体具有更大的节目资源库,基于网络平台的使用更加便捷,可以点播、快进、回退、重放甚至下载,网络视听新媒体提供的娱乐功能更为全面,它覆盖了电视的所有娱乐功能。电视在娱乐化内容资源上处于劣势的地位,其娱乐化的功用被网络视听新媒体发挥到了最大,电视受众由此也产生了分化。所以,电视影像内容的生产还是要把握纪实类、新闻直播报道类节目。传统电视机构经过多年的发展,具备完善的内容采编队伍,有能力对大型新闻事件进行专业报道和深入发掘,提供专业性不可替代的内容。虽然视听新媒体发展迅速,但其核心还是在网络传播平台的娱乐功能上,远不具备传统电视台的新闻报道和现场直播的能力,对于纪实类、新闻类的节目,视听新媒体也要依靠传统的电视机构来提供,尤其在重大公共事件的报道中,电视媒介的内容报道依然是受众的首选。

二、合理分配频道资源

电视台及其频道资源是有限的,而每个频道每天的播出时间也只有固定的 24 小时,所以频道资源的合理配置十分重要。而相比电视频道资源的稀缺,网络视听新媒体恰恰解决了这个难题,网络平台没有频道的固有限制,无论是直播信号还是点播内容,视频网站几乎可以没有频道传输的上限,其内容资源显然要丰富许多。那么对于电视频道来说,想要与网络视听新媒体竞争,就要以更加高质量的内容配置取胜,在频道资源配置上要体现与网络视听新媒体的差异。除了上面提到的保持纪实性的新闻报道为核心内容外,还要增加自身的精品栏目。以国内的卫视来说,其频道资源的分配形成了相对固定的模式,基本上是三部分组成:本台自制的新闻纪实类节目;与其他省台联合购买的热门剧集;本台自制或合作的综艺栏目。对于本台自制的新闻纪实类节目,虽然普遍没有全国范围的影响力,但在地域的小范围往往具有较稳定的收视群体,也算是潜在的优质资源。而联合购买的热门剧集多是与其他卫视共享,并在同一时段播出,这显然是对频道资源的浪费。虽然联合购买的成品较低,但其收视效果相应地较差,并且这些热门剧集恰恰是网络视听新媒体的优势资源,用户几乎可以同步在视听新媒体上看到主要的热门剧集。因为娱乐化的影视剧与新闻不同,本身没有时效性,受众也无需收看直播的录制内容,并且在视听新媒体上收看内容可以自由控制,所以在未来电视频道资源的配置中,这种对热门影视剧的现有播出方式需要谨慎布局。

另外,关于自制或合作的综艺栏目,目前是各卫视最重视的内容资源。各主要卫视均有一定的主打综艺节目,这些节目带动了其若干附加时段的收视。各卫视自制的综艺节目往往具有独创性,利用电视台组织大型活动拍摄的优势,使这些综艺栏目发展成当前卫视的重点产品,以此形成的内容产业链,构成了很多卫视的主要收入来源。总之,各电视机构想要获得受众更多的关注,重点是要在有限的频道资源内合理配置优势资源,保持其纪实新闻报道作为核心,并开发自身独创的栏目作为频道资源配置的有效补充。

三、共享视听新媒体的内容资源

电视影像内容与网络视听新媒体的共享传播正在成为两者融合发展的主要路径。传统电视影像传播中,广电网络是其主要渠道。如今,在信息社会背景下,基于网络平台的传播正在成为电视影像内容传播的另一个重要平台,在这两个平台中需要合理地共享内容资源的配置。

从电视机构来说,依托自身网站传播节目内容是最为直接的方式,大型电视台网站在数字化进程中首先选择了自建网络传播平台,当然,这些电视机构附属网站的规模和模式有所不同。大型电视台网站往往具有直播、点播等综合功能,构建了大型内容数据库,能支持大量用户的同时访问。不过达到这样规模的电视台网站并不多,绝大多数电视台网站主要作为其播出内容的点播库,相对于商业化的视听新媒体网站,这些电视机构网站的功能规模要差得多。当然,要求各个电视台都建立综合网络平台并不是明智的选择,就网络视频业的实际发展看,一般受众的使用也只是集中在少数几个排行在前几位的最大型的网络视听媒体,用户的选择更倾向于获得全面性和便捷性。现实使用中,即使各个电视台都建立了相应的网络传播平台,用户也不可能经常访问数十个甚至上百个电视台的网站。单个的电视台内容虽具备一定独创性,也不足以形成对受众的持续吸引。相比之下,排名居前的大型网络视听新媒体,它们的优势在于节目类型覆盖全面并聚合了大量受众,同时网络视频业也在不断整合兼并,正向着大型化、集中化的垄断式模式发展。这些都给电视台自身的网络平台提出了挑战,如何在激烈的商业网站竞争环境中生存是一个切实的问题。

由此,电视台依靠自建网站传播其节目内容并不是合理的选择。对于大多数电视机构来说,目前与网络视听新媒体共享内容资源才是最有效利用内容资源的方式。通过与网络视听新媒体的合作,提供自身电视台独创性的节目内容,利用大型网络视听新媒体,使自身的主打节目得到更广泛的传播,网络传播的同时也会提高电视台相应节目的关注度。虽然网络会分流部分受众,但收视率上并不会出现明显的降低。综合计量看,该栏目总体关注度反而会得到更多的提升,这对于电视节目运营也会起到积极作用。

当然,与网络视听新媒体的内容共享也包含对网络视频内容的吸收。利用电视频道固有的收视群体,选择网络热门内容、优质内容在电视上播出,不仅丰富了原有电视频道内容的配置,使其在总体内容关注度上与视听新媒体保持一致,具备对等的竞争力,而且网络传播的精品影像内容本身具有较大关注度,在电视播出之前就具备较强的传播效应,这对于其在电视上的播出具有很好的预告和推动效果。所以,合理选择和共享网络视听新媒体的影像内容也成为电视机构内容配置的重要举措。

第二章　电视传播平台与渠道的重构

　　媒介融合时代,大众媒介间传播平台及渠道在技术整合下出现了深层次融合。对于电视影像传播来说,原有的广播信号传播平台也在发生变革,原本单一功能的电视传播网正向着多媒介复合数据传播网的方向转换。传统电视平台在媒介融合时代获得了新的扩展,电视广播网、互联网及移动数据网共同成为了电视影像传播的平台与渠道。从空间的覆盖能力看,互联网接入的覆盖范围已超过电视网络,电视网绝大多数覆盖的是固定家庭节点,而互联网接入不但覆盖了家庭、办公场所,各类型的公共区域几乎都有互联网的接入节点。当然,从实际的空间范围看,移动网络的覆盖是最广泛的,有移动讯号的地方就能接入网络,移动网络在未来显然更具有发展潜力。可以说广电平台、网络平台及移动平台的融合发展将推动电视影像传播迈向新的发展格局。

第一节　电视传播信号网向信息数据网的转换

　　随着信息技术的发展,原有电视传播平台自身也在发生着转变。传统电视信号传输是封闭在其自身特殊广电网络中,借由传输单一的模拟视频音频信号向数字信号传输转换,这种封闭的传输渠道在数字化过程中得以转换为开放性的数据网络。媒介融合体现在电视传播网络上的表现就在于原有电视传播功能向多媒介综合信息内容传输转换,这个转换分为多个阶段。

一、模拟信号平台向数字信号平台转换

模拟信号向数字信号转换是电视传播的基础革新,中国电视的数字化改造开始较晚,但发展很快,在城市电视网中,数字化的改造已经完成。电视信号的数字化涵盖了影像传播整个链条:前端技术包括电视影像内容的数字化拍摄、编辑制作;平台技术包括数字化内容的资源库系统、演播系统;传输技术包括数字地面波、有线数字光缆的传输;终端技术包括数字机顶盒、智能接收终端等。这一系列的数字化改造带给电视传播新的发展空间。首先,原有受限的电视频道资源得到极大扩充。传统电视频道占据特定的频率带宽传输,可供使用的频道少,且传输的节目质量低,传输渠道功能单一。相比之下,数字传输网络承载能力强,能有效地利用带宽提供更多频道资源。利用数字化的优势,现在的有线电视数字系统一般都加载了数百套频道,并且利用数字信号传输的节目质量高,提升了原有电视影像的观赏性。

电视影像传播数字化还有一层重要意义,即数字信号传输改变了模拟信号时代电视媒介单向传播的局限,数字化后的电视传播具备了双向传输功能。数字电视系统具备基于节点的用户数据管理系统,能够提供用户点播、回放以及互动交流的功能。利用数字传输系统,电视机构可以充分利用其影像内容资源库,提供实时播出系统之外更丰富的内容选择。基于有线数字网络的平台,电视影像传播也充分参考了互联网视听新媒体的运行模式,媒介融合使大众媒介功能趋于统一,从而为用户提供一致的使用体验。

另外,数字化后的电视影像与其他媒介数字内容在技术的外在形式上达成一致。数字化技术将文字媒介、影像媒介统统转换生成同一系统的数字格式,各种媒介信息在数字技术推动下进一步融合,这种融合同样带来传播平台及渠道的融合。数字化转换后的电视影像播出系统与互联网、移动数据网的接入更加便捷,便于电视影像内容在其他网络平台的传播。反过来看,其他大众媒介信息也可以借由电视的数字播出平台传输。以往电视系统只能播出固定形式的影像内容,而数字化后的平台能够传输文字、数据以及其他内容。总之,电视平台在媒介融合背景下成为了更加综合的数字信号平台。

二、电视网向综合数据网的转换

推进电视网、互联网和移动网三网合一是媒介融合的大势所趋。当然这种融合不只是政策推动的行业融合,这种融合是技术推动下,服务于数字信息传播的必然趋势。数字化技术统一了各媒介原有信息形式,各种媒介内容数字化后都可以在同一平台传播,三网合一符合了技术发展的内在需求。随着融合程度的加深,原有不同网络系统都将具备传播各类型媒介数字内容的能力,现有的传播平台与渠道可以综合各类媒介内容,而受众则可以在单一网络平台实现原有各种媒介内容的综合使用。

原有电视网经过数字化改造后本身就具备传输复合数据的能力。以常规的认识看,电视网络主要承载的是电视广播内容,而综合数据网则是集合了电视、电影、文字信息等综合媒介内容。另外,所谓的数据服务也可以提供互联网接入,从而实现更多网络应用功能。当然电视网向综合数据网的转换是个渐进的过程,目前以城市为主体的有线电视网已经具备完善规模,数字化的改造也基本完成,这些有线网络已经在提供除电视影像内容外的更多信息,如影片点播、在线课堂、报纸新闻等。下一步有线电视网络将全面具备网络接入的功能,这个功能在发展较快的地区已经实现,借助有线网络同时能提供数字电视信号和网络接入信号。总之,这成为了电视网发展的一个重要方向,电视网将通过向综合数据网转换,实现未来全媒体的覆盖能力。

第二节 电视传播平台与网络平台的融合

以当前电视业来说,网络视听新媒体带来的影响是极为显著的,网络平台具备强大的整合能力,电视影像传播也被融入网络平台中,网络媒介具备超越以往各种传统媒介的优势。随着媒介技术的发展,也许会出现更为先进的媒介形态,但就近些年的发展看,网络媒介无疑在未来较长一段时间仍将处于各种媒介的领先地位。借助于电视传播平台与网络平台的融合将为电视影像传播带来新的发展机遇,利用多平台传播带来的扩展,电视影像未来也需要据此探索适应其平台的内容生产模式。

一、平台融合给电视影像带来的发展机遇

电视传播平台与网络平台的融合为电视影像内容的传播提供了更加具有前景的多平台发展机遇,网络有效补充了原有电视平台的缺陷,并提供了原有电视传播所未能实现的更大范围的传播。

首先,网络平台提供了无上限的频道设置。传统电视受限于频道资源,能够容纳的节目数量有限,即使节目资源丰富,但有限频道资源限制也会成为发展的瓶颈。这方面,比较典型的就是奥运会体育直播对频道资源的挑战,大型运动会时竞技项目集中,往往同时需要多路直播信号,这时仅有专业体育频道远远不够。就中央电视台对奥运会的直播分配来说,往往会同时借用几个普通频道共同参与转播信号的播出,这就是频道资源不足带来的挑战。体育直播是一个特殊例子。对于体育转播来说,时效性是其首要的因素,观众收看主要是体验直播带来的竞技赛场临场

感,所以借用多频道来共同报道是必然选择。然而,这也是远远不够的,还是有很多项目因为频道资源不足没有被安排直播,对于电视机构来说这是有选择地抛弃了一部分受众。而网络平台应用解决了频道资源的不足,网络播出平台没有频道数量上限,只要有足够技术及带宽支持,网络平台可以无限扩展播出频道。从北京奥运会起,中央电视台开始在以前的央视网提供直播信号,而到伦敦奥运会,新成立的 CNTV 网络电视台的直播已经能覆盖所有赛事项目,其综合传播效果经由网络平台扩展到最大化。根据 2012 年"中国网络电视台(CNTV)奥运新媒体传播效果研讨会"上公布的资料,CNTV 作为 2012 年伦敦奥运会在中国大陆地区的官方授权转播机构,共直播赛事近 3000 场,节目时长 5600 小时,其中网络独家直播赛事超过 2200 场,时长近 5000 小时,借助于网络平台真正对奥运赛事实现了完整直播[①]。

另外,网络平台提供基于电视内容资源库的点播机制。由于电视节目按照编排顺序播出,无法回溯,每天频道资源有限,即使是受关注程度高的节目也不能反复安排重播,挤占频道资源。对于过往节目,电视观众的收看显然缺乏主动性,而网络平台恰恰解决了这一问题。基于网络的数据存储功能,得以保存提供更多过往节目供观众随时收看。基于网络检索点播等相关功能,其使用上要比直接收看电视更加便捷。另外,对于错过观看时段的观众,网络平台也提供了任意时段收看感兴趣节目的渠道。综合来说,网络平台播出带来的种种改进,对原有电视平台是巨大推动甚至有取而代之的趋势。

二、平台融合下电视影像生产的应对策略

面对电视传播平台与网络传播平台融合带来的多平台发展趋势,电

---

① 刑立双:《"一云多屏"在 CNTV 奥运报道实践中的应用》,《现代传播》2012 年第 5 期。

视机构需要建立针对性的电视影像生产及传播的创新模式。

首先,注重电视影像在网络平台的二次传播效应。电视影像内容在电视网播出针对的是特定时段收视人群,而影像内容经由网络平台二次传播则可以进一步扩展潜在收视群体,吸引更多用户。尤其对电视台具有一定知名度、关注度高的节目,在网络平台的二次传播往往能取得更大关注与传播效果。反过来,借由网络平台扩散效应,也为这些热门栏目在后续电视平台播出起到了很好的预热效果,运作良好的跨平台传播模式往往能促使电视影像形成对收视关注的持续推动。

其次,利用网络平台进行播出渠道的扩展。如上文所述,网络平台突破了原有电视频道资源的限制,更多节目得以播出,对于网络频道带来的扩展,合理利用成为关键。网络频道没有限制的特点,也带来了另外的负面效应,网络上视频内容极大丰富,受众在众多影像内容中需要不断选择。相比之下,电视频道数量有限,观众面对的主要频道也就只有几十个,选择起来很容易。因此,虽然利用网络平台可以设置更多电视影像内容进行网络播放,但想要从众多混杂内容资源中吸引受众关注,需要少而精的配置策略。重点应放在具备独创性价值的影像内容上,例如体育直播信号、电视台独有的影像资源以及小众化节目内容等。以小众化节目内容为例,这是网络平台下才能得以发展的特殊案例。以长尾理论来说,小众化影像内容汇集到一起也能得到总体上很大的关注度。对于电视台来说,小众化节目本来很难被排到电视频道的节目播出序列中,正是网络平台提供了解决这一需求的渠道。

电视影像最终面对的是受众,根据本身节目类型,每个电视台大都形成了相对固定的收视群体。而电视影像内容制作也逐渐向着这些固定收视群体倾斜,倾向于为迎合固定受众群体的收视喜好来安排节目。而电视影像在网络平台的传播情况则大不相同,网络受众群体与传统电视受众群体并不完全一致,电视机构在安排网络平台影像内容时要考虑到这种差异,不能依照原有固定群体特征来定义网络受众。对于电视机构来说,要重新研究网络上可能存在的目标受众,合理配置相关影像内容和传播方式,以媒介融合的整体思维考虑扩展新受众,以达到更加有效的影像传播。

第三节 电视传播向移动网络的扩展

移动网络是继互联网之后又一个高速发展的领域。移动网络用户在近几年呈现高速增长,同时用户的移动网络使用也越来越多样化,从简单的网页浏览、阅读新闻,到基于手机应用程序的多元应用,如今移动视频的应用正成为主流。未来电视影像传播向移动网络延伸具备很好的应用前景和用户基础,分析电视传播在移动网络的扩展,可以看到截然相反的两极情况:一方面利用移动网络传播极具发展潜力和优势;另一方面是其面临的巨大困境,想要在移动平台传播电视影像需要相关技术方面有更多的突破和发展。

一、移动网络为电视影像传播带来新特性

移动网络彻底打破了电视影像传播模式中地域空间的限制,原有电视影像传播在移动网络平台中被赋予了更多新的特性:

首先是地域空间局限的消失。移动网络信号几乎覆盖了整个人类活动范围,所有具有移动网络信号的地方都可以有条件接入数据网络收看电视影像。地域范围经由移动网络有了极大扩展,原有电视内容的收看总是被局限在特定地点,离开摆放电视的特定房间,也就脱离了电视媒介的使用。关于移动网络带来的地域突破,类似于移动电话的发明对固定电话地域空间的突破。

其次，没有了地域使用的限制。移动网络下电视传播更是具备了伴随性媒介的特性，通过使用个人便携多媒体终端实现便捷、方便的网络接入，电视真正成为了伴随性媒介。电视影像的接受可以随时随地进行，毕竟手机等移动终端本身就是人们日常生活中伴随的媒介终端。有了伴随性的扩展，用户对电视影像内容的消费也将更加频繁，影像内容的传播变得更加灵活。

另外，以手机为代表的移动个人终端具备互联网使用中所不具有的特性，那就是移动网络下具有完善的用户管理系统。移动运营商对移动终端的识别借助于身份登记、机器码识别等技术，往往移动网络下具备完善的用户管理体系，这个体系下可以完成定制、支付等更高安全性要求的应用。利用移动网络用户管理系统，电视机构可以借此进行用户认证、注册及影像内容的订购支付等。所以，电视影像未来在移动平台上将有更多应用空间存在，对其发展来说，移动网络是必不可少的领域。

二、开展移动网络的影像传播面临的挑战

目前移动网络发展还处于发展阶段，国内 3G（Third Generation，第三代移动通讯技术）网络已经进入普及阶段，4G（Fourth Generation，第四代移动通讯技术）网络也已初见端倪。相比国外发达地区，我们的移动网络发展速度还是稍慢一些，当然，相比以往的两次革新过程：从模拟手机向数字手机，从 2G（Second Generation，第二代移动通讯技术）向 3G 的转换，如今移动网络发展速度还是要快很多。之所以强调移动网络技术进步的重要，因为决定电视影像内容在移动网络传播的首要挑战就是技术环境的不成熟：

首先，国内主流移动网络接入速度低，不足以提供电视影像内容流畅播出。目前的 3G 网络其实际网络接入速度还远达不到影像播出的带宽要求，当然，即使是 3G 网络也没有完全普及，大多数用户还只是停留在更低的网络速率下,根据中国互联网络信息中心(CNNIC)2012 年 11 月发布的《中国手机网民上网行为研究报告》显示[①],2G 网络依然是手机网民的主要网络接入方式,比例为 57%,使用 3G 网络和 Wi-Fi 上网的比例分别为 30.4% 和 28.6%,以目前的网络要求看,2G 移动网络一般只支持以图文为主的简单信息应用,而 3G 网络传输速度则要快得多,其理论上带宽能够达到 2Mbit/s。当然使用时由于地域差别、信号强度及终端性能等多种因素影响,实际速率要低很多,不过也足以进行网络视频、手机电视等多媒体网络应用。然而想要流畅地观看高清晰度的视频内容,3G 网络的带宽是不够的,这就需要 4G 网络的推广。4G 网络的最大传输可达到 1Gb/s,国内外处于实验应用阶段的速率也能达到 100Mbit/s,实际使用速率虽然会有不同程度的降低,但相比 3G 来说也是很大的提升。4G 实际使用中下载的速率能达到主流互联网有线宽带的接入水平,这个高速率网络足以胜任各种高清节目的传输,当然 4G 网络还处于试验阶段,距离商业应用和普及还有一段时间。

  除了带宽限制,即使利用移动网络能够流畅播放电视影像内容,也还要面对另外一个严峻挑战,即移动网络的高昂资费。与普通电视网络、宽带互联网接入不同,移动数据网络目前运营成本较高,由此移动网络流量使用需要支付相对较高的费用,观赏电视影像本身是很占流量的网络应用,也就是说用户在收看电视影像的同时要负担高额的流量费用。于是,一般免费的电视节目被附加上了相当高的收看成本,对用户来说,这显然是很难接受的。通过多平台的比较,用户很容易发现收看电视的成本差异,有线收视费数额很低,借助电视网的收看成本最小,通过互联网接入也需要一定的接入费用,一般在可承受的范围内。虽然比电视网络高出一些,但因为网络应用多样,分摊成本也并不明显。而目前使用移动网络

[①] 中国互联网络信息中心官方网站 http://www.cnnic.net.cn,《2012 年中国手机网民上网行为研究报告》,第 8 页。

收看则需要使用大量数据流量,而移动网络的数据流量费用要远远高于普通宽带网络,这样的对比结果很难让受众选择通过移动网络收看电视节目。

另外,借助于移动网络收看电视影像还存在着终端的限制。电视影像内容的观看体验与屏幕大小关系密切,早期手机屏幕小、分辨率低,导致了播放视频显示效果很差。为了适应用户使用影像化信息的需求,手机等移动终端正向着大屏化的方向发展,从3.5寸到4寸、5寸以及5.5寸甚至更大,同时主流机型多数也在4寸以上。大屏化的发展确实为手机电视的观看提供了很好的使用体验,但带来了明显的负面效应,大屏幕和影音播放使手机耗电高、待机时间短,对于移动终端来说,待机时间是其关键指标。尤其对于手机,它除了影像娱乐外还有重要的通讯联络功能,其更需要有较长的待机时间做保障。所以,终端硬件指标限制了用户移动电视观看的应用,这些都需要未来技术的革新予以解决。

第三章　电视传播终端的智能化与移动化演进

媒介融合时代,大众媒介发展的基本格局发生了很大改变,基于互联网、移动数据网络的新媒体发展迅速,在网络这个大平台中,每一种产品、应用几乎都可以视为一种新媒介,大众媒介的数量发生了快速增长,原有大众媒介只有几种,且稳定存在了很长的阶段,数字新媒体扩充了原有大众媒介的阵营,且这个增长的趋势还在持续,数字媒介的发展大大刺激了传统媒介。由此,原本处于相对稳定的电视传播也随之需要有相应革新,就电视影像传播的终端发展来说,突出了两方面的特点,一个是智能化向全媒体终端靠拢;另一个是移动化向无时空限制的伴随媒介发展。

第一节　智能化开辟电视影像传播的新格局

随着媒介融合的趋势,数字化将各种媒介信息置于同一传播系统中,面对曾经各类型媒介分离的使用过程,终端的发展则向着全媒介信息接收使用的方向发展。传统电视影像传播中,电视机是其专有的终端系统,这个终端系统封闭性很强,其他媒介很少与电视传播的系统发生关联。封闭性也带来了电视终端系统发展的相对迟缓,电视终端的基本样式与功能维持了几十年没有大的革新。而媒介融合下,受众的媒介使用倾向于集成在唯一的终端平台上,电视终端的智能化正是适应了这一趋势,智能化接收终端将为电视影像传播发展开辟新的格局。

一、传统电视机的智能革新

传统电视机功能单一,尤其在模拟电视时代,电视很少能承载其他功能。伴随着数字电视时代到来,电视机为了处理数字信号,开始内置智能处理系统,类似于微型计算机,只不过这些系统往往只是由几个主要功能芯片构成,关键的是,这些智能系统固化在机器内部,没有扩展应用的能力。电视信号数字化的同时,显示器技术也发生了重要革新,传统 CRT 显示器很快被 LED 液晶显示器所取代,LED 是全数字的显示模式,符合了数字传播链的整体要求。

促使电视终端智能化的第一个推动力来自于影音文件数字化。早期的声音、影像都是以模拟方式存储,如存储图像的胶卷、存储声音的磁带以及存储影像的录像带等。早期各种模拟介质虽然原理不同,但在内容复制功能上都存在着局限,基于模拟方式存储的信息很难复制,且每次复制都会产生信息的损耗。基于模拟介质的媒介内容也很难二次传播,种种缺陷在媒介信息数字化后得以克服。基于数字格式的文字、图片、声音及影像,其核心的编码系统都是以 0、1 为基础,虽然这些媒介内容不同,但对于数字系统来说可以归入同一的处理平台。数字格式的影音文件很快成为主流,其脱离了原有物理介质,可以方便地存储、复制及传播。以 CD 音乐为例,MP3 等数字音频格式文件的流行很快改变了整个唱片行业,原有 CD 产业迅速萎缩,用户转向容量更大、播放更加方便的小型数字随身听,CD 几乎被彻底抛弃。当然,几乎所有的智能终端都可以支持这种数字音乐格式,包括电脑、智能手机等。与音乐文件的情况类似,影像的数字化也成为了主流,原有的录像带、录像机被彻底淘汰,人们录制传播影像主要通过各种数字格式,数字影像文件的广泛使用,得到电视终端制造商的重视。近几年的电视机普遍具有了播放图片、音乐及影像文件的能力,由此电视终端向智能化迈出了关键一步。

然而,促使电视终端真正智能化的是网络视听新媒体的兴起。大众文化视野中的电视影像被认为主要服务于受众的娱乐需求,电视并不是必需品,其影像传播的功能在网络时代很快有了很多替代品。尤其是经常使用网络的用户,电视影像传播功能更是被很快取代,网络视听新媒体正成为越来越多用户的首要影像媒介选择。电视机被搁置,因为其无法提供基于网络的影像传播,鉴于此趋势,当前的电视终端正向智能化网络电视发展。能够具有真正智能电视概念的终端首先需要具备网络接入的功能,这是基本条件,使电视终端的应用能从电视网扩展到互联网的更多应用上。其次是要具备智能操作系统,这是需要解决的核心问题,除了电视厂商自己开发智能系统外,目前也有更加稳定成熟的方案可以选择,如主流的 Android 系统。Android 系统由 Google 公司开发,属于开放源代码的操作系统,被广泛用于智能手机、平板电脑,其特点是系统资源占用少,适合小型智能系统使用,由于其代码开源,适合厂商根据自身硬件系统进行个性化定制。

另外,Android 系统经过一段时间的发展已经成为目前智能系统装载量最大的操作系统,由此形成了 Android 应用市场也十分成熟,可以提供用户更加丰富的扩展应用。有了成熟模式的智能系统,电视的智能化变得很容易,加载智能系统后的电视能够胜任更加复杂的应用,利用宽带网络,电视具备了与电脑类似的功能,主要的网络应用也都可以在电视上进行。于是,网络视听新媒体的使用也可以转移到了电视终端上,电视终端具备了传统电视影像和视听新媒体影像同一终端观赏的功能。对受众来说,其影像文化的使用达成了融合,当然这样的结果显然对传统电视节目收视提出明显挑战,原本电视影像和网络视听新媒体的竞争主要存在于两个屏幕：电视屏幕和电脑屏幕，如今电视智能化使这两块屏幕合为一体，电视和视听新媒体形成了同一终端的竞争。据此，对于电视业来说，面对电视终端智能化带来的新挑战，需要转换固守广电网传播内容的习惯，要具备多平台的传播思维。考虑到将来在终端上的争夺，着意在互联网的影像内容传播上多给予发展和支持，争取在网络渠道上布局足够丰富的节目资源来吸引传统电视的观众。

二、机顶盒的智能化扩展

与电视终端本身的智能化同步进行的还有其附属设备的智能化，这其中主要包括有线机顶盒、智能电视盒等。对于电视的附属设备，其发展更加灵活，由于机顶盒并不受限于电视机型，所以其发展市场更大，也有更多制造商参与进来。

谈到机顶盒，主要分成两个类型，一个是常见的用于接收有线电视信号的机顶盒，一般由有线电视公司定制，属于专门系统，伴随着高清数字电视的推广，对其机顶盒的配置也相应提高，一般高清机顶盒已经装载了具备一定处理能力的智能系统，只不过为了保证有线电视系统稳定性，一般有线电视机顶盒系统属于固化的、不可扩展和调整，其功能也被局限在特定的应用上。随着三网合一的进程，有线广播网将在近几年全面具备互联网接入功能，到时相应的有线机顶盒也将加入网络应用功能，其智能系统也面临着开放性的要求。当然当前的智能机顶盒已经具备了相当程度功能上的扩展，发达城市地区的有线电视机顶盒往往具备点播、节目追溯、信息浏览以及订购、缴费等更加复杂的功能，一旦有线网与互联网合并，还会有更多功能上的扩展。

还有一个类型的设备也可以称为机顶盒或者说是智能电视盒，用"盒"命名是因为这些设备都具有小型化的特征，但其软硬件性能却和普通计算机系统相当，能够胜任大多数的网络应用。对电视终端功能的扩展尝试,很早就在用户中开始,智能电视盒还未兴起时,一些用户就已经开始用普通台式机或者更小巧的台式机主机来连接电视,为电视搭建电脑应用平台。毕竟液晶电视面板与普通电脑显示器面板是一样的,区别也只是电视多了调频信号输入的模块,将电视屏幕连入电脑主机,和普通的电脑没有什么不同,优势就是屏幕要大很多,影像欣赏体验要好很多。同时,这种系统也有一定缺陷,由于是电脑系统,没有为电视观赏习惯做系统优化,借助电视屏幕远距离操作电脑系统变得很不方便,比起遥控器,鼠标和键盘的操作让电视在娱乐体验时无法享受到应有的轻松感。正是因为这个原因,这种电脑主机连接的方式并没有广泛得到推广,对于一种终端系统来说,相比高性能,用户的使用体验是更具有决定性的。

那么,当前正在成为未来智能终端发展热点的智能电视盒,解决的就是使用体验上的问题。一方面智能电视盒采用优化过的专门系统,如 Apple TV 的 iOS 系统,Google TV 的 Android 系统,当然如上文所述,Android 系统开放源代码,具有很好的平台适应能力。大多数厂商推出的智能电视盒几乎都是装载 Android 系统,如国内的乐视盒子、小米盒子等,这些智能系统为在电视上的使用做了专门优化,界面相对简单直接。另外,考虑到了远程操作的便利性,一般都配备了专门的遥控器,使用体验上接近普通电视,可以方便地进行相关应用的操作。

相比原有电视系统,附加的智能电视盒大大扩展了原有使用模式。一方面,利用智能电视盒可以使电视终端方便接入网络视听新媒体,影像内容得到全面扩展;另一方面,智能电视盒一般会内嵌相关网络应用,可以方便使用在线影音的收看点播功能,如 Apple TV 系统内嵌的 YouTube、Netflix、Hulu 及 iTunes 应用等。可以提供用户快捷的收看体验,同时也搭建了网络点播收费的平台,这方面国内企业也在重点发展,如乐视盒子就是与其乐视视听网站相关联,通过其智能终端可以更加方便地接入其视频网站,形成了类似电视台的播出模式。

由于采用了智能系统,智能电视盒具备很好的扩展性,可以到应用商店下载安装各种应用程序,从而获得更多使用功能,如邮件接收、网络视频通话、电子书、电子杂志的订阅浏览等等。综合来说,智能电视盒的出现极大扩展了电视终端的媒介功能,对广播电视业来说,是一个不小的挑战。在中国智能电视盒刚刚推出时,受到了广电方面的强烈反对,担忧智能电视盒会使传统电视业加速衰退,但是基于受众市场的需求和技术发展的内在规律,智能电视推广将是一个主要的方向。对于传统电视影像传播来说,这是一个挑战,同时也是一个机会。利用智能电视盒提供新的播出方式,只要电视机构把握好内容制作方的优势,利用内容资源在智能电视盒的服务应用中占据一定位置,为智能系统用户提供相应优质内容资源,这种跨平台的传播,也可以有利于电视影像传播的全面发展。

第二节 移动终端带来的整合传播

相比传统的互联网,移动网络具备类似的网络接入使用平台,而又具有无限空间扩展功能。这种随时随地的网络连接服务消除了地域化媒介使用的限制,基于移动网络的智能终端促成了包括电视终端在内的各种类型媒介在更灵便、更小巧、更广泛传播意义上的进步。

一、移动终端的无限扩展

无限扩展是移动终端的主要特性,电视影像欣赏绝大多数被限制在客厅空间,受众在几十年的使用中,早已习惯电视这种家庭媒介的使用环境。互联网兴起后,家庭使用媒介中又多了网络媒介,电视媒介使用时间被互联网分割了相当的部分,对于未来电视影像的发展,需要跳出这个固定地点、固定时段的限制,而移动终端借助于无线网络能很好扩展未来电视传播的渠道。

移动终端可以伴随用户身边，是最接近用户的媒介终端，提供给用户随时的网络访问和媒介使用。以智能手机为例，它的用户数量增长迅速，整个手机终端的总数要远远超过传统电视终端数量。一般电视以家庭为单位，一个家庭只有一到两台电视，而手机是以个人为单位，几乎人人都有手机常备身边，手机是真正侵入人们生活中的媒介终端，其便利性使人们对其使用很快产生了依赖性，使得手机既是通讯工具又是重要的媒介工具。利用以手机等移动终端获得的无限扩展，受众得以在碎片化时间随时接收媒介讯息，可以说受众借助移动终端得以实现媒介的全时段、全地域覆盖。对于电视影像来说，这也是一个得以扩大发展的机会。传统报纸、期刊、图书等文字媒介，经由数字化后在手机移动终端阅读已经取得了很好的实际效果，形成了受众固定的收看习惯，手机阅读在数字出版领域也是获得了成熟的运作模式。

基于网络速度和智能终端制式的限制，目前移动终端在电视影像传输上还受到一定限制，虽然借助 CMMB（中国移动多媒体广播，China Mobile Multimedia Broadcasting，简称 CMMB）的移动终端可以不依赖网络收看电视影像，但这种通过安装由渠道商制定的符合 CMMB 标准的接收模块来实现手机电视功能还有很大局限。首先是基于 CMMB 系统的手机、MP4 等设备需要专门天线及处理芯片，厂商需要设计特殊机型来对应，由于 CMMB 的应用没有能够推广开，其终端需求量小，导致主要大品牌手机终端生产商不会为 CMMB 系统生成终端，没有了终端制造厂商的支持，很大程度上限制了用户的选择。另外，由于各地的 CMMB 手机电视频道配置具有一定的地域性，多数地区提供的频道都是少数几个央视频道再加上地方的几个频道，总体频道数量少，而且能接收到的这些频道基本都是一些传统的综合性频道，缺乏对受众的吸引力。能否有丰富的频道内容资源才是手机电视媒体存在的首要条件，CMMB 传输方式上的优势在这里显得并不重要,因为没有消费者使用手机电视是为了流畅地观看不喜欢的节目。

相比之下,基于移动数据网络和 Wi-Fi 网络方式的智能终端接入是较为可行的方案。这种模式下使用手机电视主要通过到 Android 市场或者苹果应用商店下载各种电视收看的客户端软件。这些客户端软件多是大型电视台及网络视听新媒体专门为移动终端系统所提供,通过安装相应的客户端程序,手机能够观看到这些网络平台的所有内容,这种模式下获取的内容资源十分丰富,几乎各大视听新媒体都有针对手机终端的应用程序,通过这些应用可以收看到所有主要电视台。尤其是作为国家网络电视台的 CNTV,通过其客户端更是可以获得超过普通电视终端的更多频道和节目,移动网络已成为极具前景的新兴传播平台。

二、全媒体合一的终端体验

从传播渠道审视当今的媒介融合,体现在所谓的"三网合一"上,即电视网、互联网和移动网逐步走向融合。对于媒介终端方面,这种融合也在进一步加深,未来这一融合在手机等个人移动智能终端上体现得将更为明显。未来发展中,电视屏幕、电脑屏幕以及手机屏幕将融合在一起,合并在移动终端的小屏幕中。而以手机来称呼未来全媒体合一的个人数字终端,显得不是很准确,因为手机主要功能是通讯,而未来个人移动数字终端主要功能为数据业务,通讯的功能将只占一小部分,借助移动网络,人们之间的沟通将更多依赖于网络即时通讯软件和社交网站。另外,个人移动终端将是全媒体合一的媒介终端,借助小型屏幕的智能终端,可以将以往各种媒介类型讯息统一在一个终端上使用。媒介融合将在用户终端上首先得到实现,全媒体的移动智能终端,将为用户提供媒介使用上的极大便利。

在这种趋势下,电视影像传播要从影像内容制作方面为移动终端的使用做相应优化,推广相关应用,让用户能有一个更好的使用体验。全媒体合一的终端将各媒介讯息共同提供给受众,对于大众媒介自身的内容制作和传播机制也是一个挑战,它需要媒介跳出自身形态限制,以全媒体平台为目标生成内容。统一用户终端带来了媒介间的竞争,从另一方面来讲,也带去了各媒介均衡发展的机会,受众的媒介使用将无需区分谁挤占了谁的使用时间,因为对于统一终端来说,媒介的使用回到了最原始和最高效的模式。

第三节 终端:人机交流的遥控器、鼠标和触摸屏

电视、电脑、手机等终端综合来说都是供人使用的工具,而决定一种工具使用体验的重要方面就是人机交互系统是否易用。媒介设备技术的发展总是在向更加复杂化、高端化发展,相关设备内部架构的日趋复杂反而要求设备的人机交互界面要逐渐容易。以微软的操作系统发展为例,大体经历了字符系统、菜单系统到模块系统的三个阶段。早期操作系统MS-DOS,以字符指令为核心,用户的操作指令需要以字段的形式传达给计算机,字符指令往往有严密的语法逻辑,对于普通用户来说很难掌握。随着多媒体技术在计算机领域的发展,微软推出应用图形操作界面的系统,从早期的 Windows 3.X 系列一直到后来已经占据市场主要份额的 Windows95、Windows98 以及现在还有广泛用户的 WindowsXP,Windows7 等。从 Windows95 开始,微软系统的人机界面就没有什么大的改动,目前 Windows8 已经成为了新一代系统,从编号上可以看出这在微软系统发展中已经是第八代了。从这一代开始,其操作界面由菜单式转为棋盘模块式,模块式操作更加直观,同时棋盘式布局也更加方便其在多种终端上的应用,也便于向触摸式输入模式接轨。综合来说,个人计算机使

用变得越来越简单,伴随着图形操作界面的推广,计算机才得以进入普通用户的生活中。

媒介终端的发展也是同样的规律,能否提供易用的操作界面比是否具备强大的性能更重要。许多技术发展上很先进的设备因为没有得到用户广泛应用而淘汰,留存在人们日常生活的一些终端设备并不是代表着它是更先进的,这些终端能普及并留存至今决定于它友好的人机交互体验。对于电视终端及附属设备来说,智能化发展也面临着类似问题,终端智能化一方面带来了丰富功能和多样化应用,另一方面也需要设计相应交互系统以适应复杂功能的应用,多样化功能吸引了用户使用,而复杂的用户界面阻碍了这种应用的持久性。

电视媒介的流行和其在受众中的普及与其简单便捷的人机交互系统有关,这个系统的关键就是遥控器。遥控器的应用把电视媒介的便利性发挥到了最大,正是因为遥控器的存在,才使电视最终成为了人们日常影像消费中不可或缺的伴随性媒介。早期电视依靠机身按钮的手动操作,在电视频道有限的情况下,也就没有换台的困扰。另外早期电视屏幕尺寸小,观看距离短,依靠机身手动操作也就没有什么问题。但随着电视业繁荣,电视频道数量大大增加,每个频道内容资源也越来越丰富,更多选择促使人们乐于去不断换台来寻找更多内容。同时,节目资源的丰富也带来了广告数量的增长,于是更多的情况下,受众换台行为不是为了选择,而是为了逃避。

基于受众的实际需求,红外传输的无线遥控器的发明成为了电视发展史上的重要革新,一直到今天,它都是电视机最重要的附属设备。电视遥控器赋予了观众某种控制力,在面对单向传播的影像内容时,似乎可以借助遥控器获得一定主动,有了小巧的遥控器,受众可以很容易掌控这个大型设备,遥控赋予了电视媒介高度的易用性。在传统电视与网络视听新媒体的使用体验中,遥控器也起到了决定性的作用。相比鼠标,遥控器在操控影像播放上更加便利。电脑主要使用鼠标作为输入设备,鼠标的应用也是伴随着操作系统发展而来,早期字符指令系统,使用命令的输入主要依赖的是键盘,将鼠标推向应用的,要归功于苹果的 Macintosh,它的推出引领电脑进入图形用户界面。同时也推出鼠标作为计算机的标准配置,无线鼠标看起来与遥控器比较接近,只不过它少了很多按键,在实际应用中,鼠标却远不能取代遥控器。鼠标定位精确,往往需要用户使用时处于注意力相对集中的状态,而遥控器则更为随意,配合了电视影像消费中受众的轻松状态,基于遥控器对电视媒介的重要性,目前正在发展的机顶盒、电视盒等智能设备均把遥控器作为输入的必备配件。

除了技术层面的应用,遥控器的意义还有其在家庭环境中的重要地位,往往家庭环境中,谁掌握了遥控器谁就掌握了权力,也就掌握了家庭的媒介环境。电视影像具有很强的家庭影响力,影像内容包含图像和声音两个基本部分,这就决定了同一环境中电视与其他影像媒介很难共存,图像播出可以存在于各自屏幕中,但声音是具有发散性的,同一个房间很难同时使用两台电视,或者同时播放两套影像内容。电视媒介在家庭环境中具有孤立性和排他性,正是这种电视的唯一地位,使其遥控器的掌握者获得了更大权力。以客厅环境来说,电视往往被置于客厅中心,人们围绕着电视而坐,虽然大家并不会都在专心看电视,可能各自做着其他事,但打开的电视在持续传播着影像内容。这种影像环境掌握在拿遥控器的人手中,掌握遥控器的人间接营造了所有成员的媒介环境,无论成员们是否专心,都会受到所处环境的潜在影响。所以,遥控器的存在具备了多重意义,从技术到社会文化,遥控器都是未来电视智能终端存在的必要部分。

对于移动终端来说,触摸屏的应用是其改进人机交流的重要方面。触摸屏的研发具有很长历史,但在早期应用中,因为显示面板价格昂贵,触摸屏一直到 20 世纪 90 年代末才开始推广,这种操控设备的方式显然对移动终端上影像内容的使用相当有利。伴随着移动终端大屏化发展，采用触摸屏解放了键盘的位置，使移动终端能在保持设备小巧的基础上将屏幕做到更大，有利于影像内容欣赏。而且利用手指触控的方式从感官上更为直接，抛开数字键盘的限制，移动设备系统从某种意义上来说也被影像化，用户的使用没有了字符系统的限制，以视觉思维来应用设备，可以说是人机交互系统的最终理想模式。

　　传播链条中的终端处于一个特殊位置，它距离传播者最远，而距离受众最近。终端的意义在于它关乎受众的媒介使用体验，它的重要性容易被传播者所忽视。一般认识中，往往更重视内容与传播渠道，当然这两方面对传播效果具有决定作用，然而，再好的内容也是用户通过终端得以使用。终端从某种意义上更像是人的延伸，终端扩展了人的基本感知能力，它赋予了人们接受数字信息的能力。同时，终端的功能也局限了人们对外界信息的获取，不同终端系统的特性决定了其接受信息的类型与规模，终端为受众做了信息上的过滤，当然这种过滤主要来自于技术层面而不是社会层面。

第四章 媒介融合带来受众与电视关系的演变

大众媒介与受众的单项传播关系借由信息技术发生了改变,以电视影像传播来说,传统电视信号属于发散性广播,没有受众反馈机制,甚至广播信号有没有受众接收都是不可知的,受众被置于发散性的边缘。借由广电系统数字化改造,有线广播网借助数字系统才得以建立与受众的联系,这种初级的互动使电视机构能通过机顶盒获得受众的使用情况,通过机顶盒界面与受众发生简单互动。真正深层次变革则来自于网络新媒体带来的冲击,借由网络传播平台,电视影像内容被置于双向互动的空间,体现在用户的点击、收看、在线时间以及评论等。媒介融合背景下,诸多渠道构建了受众对大众传播机构的反向干预,面对积极的受众,电视影像传播需要以新型受众关系为基准,重构在受众中的重要位置。

第一节 媒介融合引发的受众分化

传统媒介时代,受众群体有着明显而又稳定的区隔,纸质媒介、电子媒介的阅读使用功能有着显著区别,由此延续,传统报纸、期刊、图书及广播、电影和电视都形成了相对稳定的受众群体。这一稳定状态在新媒介时代被改变,媒介技术改变了大众媒介的基本形态和传播模式,受众也因此出现了明显分化,尤其是媒介融合带来了从信息生产、传播一直到接收整个传播链的整合,由此也引发了电视受众群体在多个层面上的分化。

一、差异与同质引发的受众分化

数字技术扩展了传统电视的传播,数字电视模式下,电视台的频道资源得到有效扩展,原有卫星频道之外增加了大量数字频道,借助广电网络数字化带来的带宽优势,电视台频道资源得到进一步开发,电视频道增加,受众面对的选择也就增多了。频道越多,对受众分流越明显,而且为了能在激烈竞争的电视收视市场有发展空间,新成立的频道往往更加专业化,倾向于提供某一特定类型内容,满足特定细分的小规模受众需求。专业化的细分策略适合在饱和竞争环境中应用,其效果总是能吸引一部分特定的小群体。由于专业频道的内容资源相对有独创性,所服务的受众群体也相应有较高的粘着度,日益涌现的专业频道引发了电视传播内部的分化。

频道快速扩张时的差异化策略,达到了细分受众效果,然而随着频道数量的增加,差异的空间越来越小,各个频道后续发展很难找到既符合受众需求,又没有被很好服务的空白市场机会。专业化频道竞争核心在于差异化的内容资源,这种差异化在众多竞争频道出现后会逐步出现相反的同质化现象。频道间雷同内容越来越多,没有持续独特性的优质资源,很难一直维持受众关注,最终频道间内容走向同质化,使电视受众对频道的依赖性降低,忠实观众越来越少,整个电视受众群体也会被分化得更加零散。当然同质化内容不只出现在专业化频道的竞争中,电视台的卫星频道、综合频道,它们之间内容同质化则更为明显。除了节目类型雷同,甚至很多电视台经常同时播放相同内容,电视台不重视独创内容的生产,也加重了整个电视影像传播的同质化,由此引发的受众分化也越来越严重。

二、网络平台传播的受众分化

网络技术的演进带来了电视影像传播新的平台与渠道,网络平台带来了更加广泛的传播力,网络传播集合了大众传播、组织传播和人际传播的所有特征。基于网络的电视影像传播具有更加显著的发展空间,网络平台与电视平台形成对立两方,而受众则要从这两方中做出选择,这个分化的过程在某些受众群体中显得尤为明显。

一方面,传统电视影像借助网络平台获得新的传播渠道,传统电视业意识到了这个平台的未来前景,一般电视台均开设了基于网络的传播系统。基于网络的扩展超过本身电视平台的内容体系,而基于网络电视系统,电视台能够扩展更多频道,包括地方性的、专业性的。另外,除了对现有频道进行网络化扩展外,大型的电视机构一般会就网络平台专门设置频道,这些频道都是依靠电视机构原有的强大节目数据库系统,能够提供更加丰富的内容资源,就此必然有部分受众转向基于网络的电视内容消费,这种趋势下的受众分化还会随媒介技术发展而更加显著。

另一方面,网络技术提供了开放平台,互联网将地球纳入同一时空维度,媒介技术将全球范围的电视传播融入同一平台,地域间电视传播的技术壁垒不复存在,受众只需使用简单的应用程序就可以使收看全球电视传播成为现实。目前流行的一些软件和网站,他们提供了几乎全球所有主要电视台的信号转播,突破国界后,受众所面对的频道资源又增多了数倍,由此也引发了对原有电视受众的二次分化。当然这种全球化带来的分化是一个比较特殊的情况,这种网络电视的全球化,更多的是具备意义层面的变革,实际受众使用中并没有想象的那么具有规模化发展。这是因为,全球化频道对国内观众的吸引来自于文化的差异化,不同国家民族发展出了独特的社会文化,而大众媒介承载了其文化的基本特质,不同文化间的差异促使文化信息在不同国家、民族间流动,受众被差异化所吸引,这也正是跨文化传播产生的机制。然而这种差异化在推动文化流动的同时,也产生了一定的阻碍效应,文化间的差异造成了不同文化间交流的困难,不同文化群体的受众对差异化大的内容很难接受,所以差异化带来传播的同时也阻碍了受众的接受。综合来说,全球化带来的差异化文化总是能吸引符合其特质的特定受众群体,这些群体的汇集,对整个原有电视受众体系来说是一个不小的潜在分化。

三、影像传播融合带来的受众分化

媒介融合时代,影像传播具备了更多新的渠道方式,人们对影像内容的接收也有了更多新选择。影像媒介对人类生活有着特殊意义,它是最原始的媒介之一,沿袭到今天,影像媒介总是在受众生活中起到关键作用。以往影像媒介以电影、电视为主,电影传播注重的是单个作品的影像表达,其传播方式也具有独特性,电影主要通过影院传播,而在影院的观赏行为表现出更多的是其社交功能而不是传播功能,将电影视为文本显然比媒介更加贴切。网络视听新媒体出现前,电视是绝对意义上的大众影像媒介,它对社会的影像记录及传播发挥了极大功能,电视出现后很快在人们生活中占据重要地位,传统电视其功能已经被开发到顶点。而新媒介时代,以网络视听新媒体为代表突破了原有电视传播的发展局限,网络视听新媒体在影像内容传播上的优势,使原有电视受众群体受到了实质性分化。相比电影观众,电视观众的流失最为显著,原因还是在于电影观赏的社交属性,一般很少有观众独自去看电影,对电影的观赏多是集体行为,共同观赏是社交活动中典型的模式。另外,由电影作品延伸出的话题也是电影院外的生活圈中重要的交流素材,电影的这种功能是电视及网络视听新媒体所不具有的,正是这种特性使电影这种最早的大众影像媒介没有受到后来电视媒介的冲击,在信息时代涌现的网络视听新媒体同样也没有对电影造成实质性的影响和改变。

对于电视媒介来说,它没有什么特定属性可以维系其固有地位。网络视听新媒体具备了电视影像传播的主要功能,并且对于受众来说,网络视听新媒体更是提供了传统电视所不具有的更多便利使用体验。比如,网络的巨大影像资源库涵盖了电视、电影的全部内容,并且在传统影像内容外,网络视频分享平台更是提供了用户自己上传影像内容的渠道,用户参与内容生产,改变了以往人们对大众媒介的一般认识,对于受众来说,手中的电脑既是接收端也是传播端。传统大众传播是点对面的发散式结构,而网络传播是多点对多点更复杂的网状结构,在这种结构中,用户的黏着度更高,更容易沉浸在这个传播系统中。相比之下,大众传播中,受众主要单方面接收大众媒介讯息,与传播方没有牢固联系,同时传统大众媒介的受众间缺乏关联,是典型的松散群体。面对其他媒介内容的吸引,受众群体更加容易分流,这也就是为什么电视受众在网络视听新媒体的冲击下会快速流失。不过,网络视听新媒体对受众不会形成全盘瓜分,因为网络视听新媒体具备先进技术的同时,这种先进性也制造了受众使用的门槛,熟练使用视听新媒体需要一定技术知识,基于这种技术门槛,分化速度被延缓,但随着网络技术的普及,这种分化的程度必然会更加明显。

信息技术带来传播方式上的变革,基于无处不在的各种网络,信息的传播和接收变得异常容易,受众不再只是被动接收者,新媒介赋予受众主动性选择,双向的网络系统使受众成为信息传播者。相比于少量大众传播机构来说,受众规模要大得多,每天受众用自己智能终端发出的信息量要远远大于大众媒介,传统大众媒介也由此构建了与受众新型的关系。大众媒介的信息来源越来越依靠于受众传播信息,大众媒介成为二次传播者,或者说是大众信息的把关者。

第二节　重构电视在受众中的中心位置

面对受众的分化流失,电视业需要在媒介融合背景下,重构电视的传播体系,谋求未来在受众影像消费中的中心地位。如果说内容资源是电视传播的核心竞争力,那么受众群体则是其生存发展的基础。考察电视与其受众群体的关系,在新媒介时代之前,电视可以说在大众日常影像媒介的使用中占据了中心位置,而这一中心位置在新媒介的挑战下,已经逐步退出。虽然在大多数家庭中电视还在扮演着重要角色,但未来新媒介对受众的分化效应将有更明显的体现。当前的电视传播已经失去了对未来潜在受众的吸引,传统电视需要变革来寻求适应未来媒介融合背景下受众的需求,毕竟相比电视的中心位置,受众在电视传播中的中心位置显得更为重要。

电视在大众生活中摆放的位置从侧面体现了其重要性,因为"不仅要把电视看作传播画面和声音的载体,也要意识到电视在家庭中的物理存在,它是一件带有图腾意义的家具"[①]。电视在普通家庭中一般被放置于客厅最重要的位置,它往往占据了客厅的一面空间,电视所在空间正是进入客厅的视觉中心,家具摆放往往围绕着电视展开,人们坐的位置也是围绕电视分布,以往多数受众家中,客厅的总体布置几乎可以被定义为电视播映室。当然,这种电视的中心位置并不是绝对化的,很多人排斥电视,认为电视影像消费完全是在消耗时间,许多人并不看电视。显然将看肥皂剧的时间用来多读一些书,确实更具有进步性,即使用来看电影,显然电影文本也会带来某种文化气息。不过,广泛意义上的大众选择就显得

---

① 〔英〕戴维·莫利著,郭大为译:《传媒、现代性和科技》,中国传媒大学出版社2010年版,第281页。

更加通俗化，大多数受众还是被电视影像世界所吸引，电视一直到今天仍然在客厅占据着重要位置。

电视从流行起就饱受批评，关于电视影像带来的负面冲击，人们一直比较在意。电视影像内容的泛娱乐化大大降低了人们对其内容质量的判断，电视文本多被批判性地解读，对电视影像给大众带来负面效应的讨论要远远大于其可能存在的正面意义。究竟电视影像对受众能产生多大的影响是一个关键问题，对于这个影响的程度有不同的认识。综合这几十年电视的发展，虽然电视占据了受众生活空间的重要位置，但就其传播讯息的潜在效果看，电视对受众的影响是十分有限的。因为电视媒介受众更多的是浅参与，与电影的深度参与不同，电视观众一般不会持续地深入到对电视影像的接受中。以环境来说，电影院是一种极端化的环境，完全黑暗的空间内，受众的关注被最大化地集中。另外，电影院借助大型屏幕和环绕音响系统，总是能制造富有氛围的观看环境，受众被包裹在巨大的音视频信息流中，适合深度参与解读文本。而电视观众所处的位置则大不相同，电视一般处于客厅之中，人们观赏电视时会保持周围空间的亮度，电视的屏幕较小，音箱也不足以制造涵盖整个大空间的能力，而且这是一个开放性的环境，在电视播放的同时，伴随着家庭成员间的走动，从环境意义上看，用户需要的也只是浅参与的媒介。

另外，从影像文本内容形式看，电影剧情紧凑，内容较为丰富，文本的解读需要受众的深度参与，一般观赏电影中跨过某些片段会对整个观赏过程带来很大影响。而电视则不同，绝大多数电视节目内容较为松散，重复性话语出现比较频繁，受众观赏电视时可以经常性地跳过某些片段而不影响整个观赏体验，对电视节目无需仔细观赏也能完整了解其内容，电视文本的内容特点决定了其作为浅参与媒介的属性。虽然电视媒介具有浅参与的属性，但这个属性并没有负面意义，正是浅参与赋予了电视媒介在受众中的重要意义，即作为不可缺少的伴随性媒介存在。

现代人日常生活中缺少不了媒介的存在，媒介在构建人们的社会认知方面起到了关键作用，媒介提供了另一种生态环境，这个环境的主要组成部分正是大众化的电视媒介，电视媒介伴随着人们的日常生活。虽然人们阅读报纸、图书和观看电影的参与程度深，但总体媒介使用时间相比电视要少得多，电视的浅参与使其成为伴随性媒介，人们日常生活中尤其是在客厅空间中往往都是边看电视边做着其他事情，电视总是能被保持在一个打开的传播状态，不断地制造着影像环境，而在这个环境中，人可以聊天，可以做事，可以离开，并不受约束。总之，电视媒介更像是一种重要的生活背景，这个背景由其影像组成，通过这个媒介，受众得以在封闭空间达成与外在世界的联系：一个被影像化把握的世界景观。

媒介融合背景下对电视受众需要重新认识，受众一般被视为传播链的最末端，固有的偏见只是将受众视为信息的接收者，尤其大众媒介的受众总是被视为媒介所规训的对象。伴随电视媒介在社会中流行的几十年，围绕这个大众化媒介形成了大范围稳定受众群体，这个稳定性构架在网络新媒体出现后正发生着深刻变化，总体呈现趋势是受众明显偏向于新媒介，媒介融合带来了受众对媒介使用和需求的革新，网络媒介带来开放性，使原有稳固的受众群体出现分化，甚至走向两极化。对当前电视受众研究需要突破固有认识，新媒介环境下，积极性、主动性正成为其群体主要特征，如詹姆斯·罗尔所述："有限影响理论、利用与满足研究，和文化研究分析均在同一方向指出——人类有能力以改善其利益的方式参与、阐释与利用媒介技术和文本"。①

当然，以上的变革都基于受众的参与和使用。媒介融合时代，数字化和网络化媒介带来的冲击大大分化了原有电视受众，电视中心位置面临着巨大挑战。不过，就当前发展来看，电视媒介面临的局面显然并没有想

---

① 〔美〕詹姆斯·罗尔著，董洪川译：《媒介、传播、文化：一个全球性的途径》，商务印书馆 2012 年版，第 136 页。

象的那么被动,电视影像在人们生活中还是扮演着重要的伴随性媒介角色,只不过这种重要地位随着未来媒介融合可能有所变化。总之,未来的发展格局中要求电视媒介以受众为中心,重点发展其独有内容资源的优势,跳出传统电视传播平台的限制,以服务于多平台的思维针对性地进行内容资源的生产与整合,利用电视终端智能化的趋势,争取向着未来家庭多媒体数据中心的位置转换,重塑电视传播在未来大众媒介生活中的地位。

我们生活在一个影像社会中,从社会历史维度看,早在文字诞生前,原始影像媒介就已出现并为人类所膜拜。从人类自身成长看,幼儿时期还未掌握语言时,影像也是人类认知外在事物的主要手段。如今,借助信息社会带来的媒介技术上的飞跃,我们的世界正在被媒介彻底影像化。电视影像进入人们生活只有几十年,从人类漫长的发展史看,这绝对是一个新生事物,然而,在媒介融合的今天,这个"新生事物"多是被置于历史淘汰的边缘加以讨论。

通过对电视影像整个传播链条的考察,可以看到媒介融合带来的从内容生产、平台渠道、终端到受众方面的深刻变化。从内容生产看,新媒介技术带来了影像内容生产的开放格局,各类媒介或多或少参与到了影像内容的生产中,媒介融合带来了影像内容生产的多元化。从传播平台和渠道看,借助于三网融合趋势带来的电视媒介未来多平台的扩展,传统电视的传播面临新的发展格局,基于互联网和移动网络的跨平台扩展将深刻改变传统电视的传播模式。借助于信息技术的发展,电视终端及附属设备也向着网络化、智能化发展,正在兴起的移动终端也将重新整合包括影像传播在内的各种媒介。

中编　路径拓展
——电视媒体与视听新媒体融合发展的新趋势

　　进入 21 世纪,以互联网宽带技术、数字制作传输技术和无线通讯技术为基础派生而来的视听新媒体对传统电视产生了前所未有的冲击。为了摆脱不利局面,传统电视只有主动融合视听新媒体,开发视听新业务,培育视听新媒体产业,实现与视听新媒体的优势互补和联动传播,方能在未来媒体格局中继续保持优势地位。当前传统电视与视听新媒体融合发展的路径正朝着三个大的方向发展:一是传统电视立足自身媒体的纵向延伸发展,主要表现在对平台型网络电视台的建设与完善;二是传统电视与各类网络视频传播机构的横向联合发展,主要表现在联合其他网络视频机构整合网络视频资源并对其开发、利用、交换与再传播。三是在打造完整网络化电视产业链的同时,积极推进网络化电视产业体制创新,在探索可持续融合发展模式的基础上,实现自身的全媒体重构。

第五章　建设平台型网络电视台的发展路径

视听新媒体日益壮大,这给传统电视的发展带来了巨大压力和挑战。在技术、政策、竞争等因素推动下,主动与视听新媒体融合发展成为了传统电视摆脱被逐步边缘化处境的一种选择。正如美国传播学者罗杰·菲德勒认为的,"通过研究作为一个整体的传播系统,我们将看到新媒介并不是自发地和独立地产生的——它们从旧媒介的形态变化中逐渐产生。当比较新的传媒形式出现时,比较旧的形式通常不会死亡——它们会继续演进和适应。"[①]因此,目前的传统电视在面对视听新媒体的激烈竞争时,也选择了自身"演进"和"适应"的方式,那就是立足于自身媒体形态,充分融合网络新媒体技术,通过上网建站来实现自身发展的纵向延伸,这种延伸体现为传统电视媒体试图从上到下,从里到外,从不足到完善,从试点到推广来实现自我演进和完善的过程。

第一节　从视频网站到平台型网络电视台

为了应对新媒体的挑战,国家电视台和地方电视媒体机构早在多年

---

① 〔美〕罗杰·菲德勒著,明安香译:《媒介形态变化:认识新媒介》,华夏出版社1999年版,第19页。

前就已开始进入网络音视频领域,与多样化的新媒体电视形态开始了形形色色的融合对接。从宏观层面上来看,国内电视与新媒体的融合发展是以电视台开办网站为代表的。1996年12月,央视网络开通了中央电视台的网络电视服务,随后越来越多的电视台都纷纷开办了电视台网站,这是电视台与自己的网站处在融合的初级阶段。从某种程度上说,网站是依附于母体电视台而存在的,不论是在内容资源还是在发展资金上,电视台网站对电视台都有很大的依赖性。随着互联网电视、IPTV、移动电视、手机电视等视听新媒体的出现,电视台纷纷开始进军视听新媒体领域。2005年5月,上海文广集团旗下的上海电视台获得了广电总局颁发的第一张IPTV及手机电视全媒体业务牌照。此后,电视与视听新媒体的融合发展也由过去电视台与网站的台网联动进入到电视台与网站、IPTV、手机电视、互联网电视、移动电视等多种新媒体形态交错融合发展的新阶段。以中央电视台网络新媒体发展路径为例,早在1996年中央电视台就开始探索自身网络新媒体发展之路,其过程大致经历了三个阶段:

一是从传统电视到上网建站。中央电视台国际互联网站于1996年12月建立并试运行,也是我国最早发布中文信息的网站之一。1997年6月,英语新闻稿发布上网,自此,中央电视台网站改变了单纯进行自我形象宣传的方式,开始进行节目信息发布业务。但在与互联网融合的初期,央视网站内容以图文为主,每日主要为受众提供中英文新闻。而这个时期的受众登录央视网站还是以浏览、获取新闻信息为主,互联网更多的传播特性并没有体现出来,整个网站运行仍处于初级发展阶段。

二是从图文并茂到视听影像传播。2006年4月央视网站全面改版。改版后的央视网定位于"以央视为依托,集新闻、信息、娱乐、服务为一体的,具有视听、互动特色的综合性网络媒体"。与初期网站相比,"央视网以视频为核心,整合中央电视台以及国内外其他传播机构优质节目资源,提供视频内容的直播、转播、点播、下载以及视音频搜索服务"[①]。其业务重点的逐步转向不仅符合了"视觉与听觉本身都是'距离感观',它们对远距离之外出现的事物或事件的迅速感知,有利于观看者采取一种更加适宜、与现实相一致和平衡的活动,有利于对事物更全面地认识"[②]的理论观点,而且在实际运作中,央视网对于视听影像传播的侧重自然带来了以往没有的传播效果。

三是从视听影像传播到平台型网络电视台。平台型网络电视台的建构,始于2009年12月28日中国网络电视台的开播。作为网络视听新媒体,中国网络电视台具有传统电视台不具备的全球覆盖、海量内容、及时传达、个性定制、互动分享等优势,在致力于建设充分发挥电视平台和网络平台的双平台的优势,建设成为我国具有公信力和权威性的网络视频互动传播平台,成为用户喜爱的公共信息娱乐网络视频平台的过程中,中国网络电视台一改之前的"窗口式"网站建设,转而向平台型网站建设的方向努力。生活中的窗口是指比门小的一户之扇,空气对流之通道。平台是指适合某些事物发展的载体,可以是实体或虚拟的,具有极强的集成性特征以及包容互动性的功能。把这两个概念借用在传媒领域,窗口是指特定的"展示"舞台或者信息传输渠道,其特点是设计简单、分散性大、功能相对单一、缺少互动性等。而平台则是指为多方机构或人员在媒介的内容与交换、市场运营与管理、技术研发与应用、人才培养与交流等方方面面提供的机会、场合及选择。不难看出,媒体领域中的平台,其内涵远远大于窗口,一个平台就像一座房子,房子有许多窗户,但组成房子的构件和要素却远不止窗口。平台是一个复杂的综合功能体,网络化生存和发展对传统电视业态的转型要求正是这种平台功能多元联动的内在驱动,因此建设好平台型网络电视台是未来一个时期传统电视媒体网络化

[①] 参见中国网络电视台网站,http://www.cntv.cn/cntv/01/index.shtml.
[②] 罗钢、刘象愚主编:《文化研究读本》,中国社会科学出版社2000年版,第28页。

发展的方向和目标。

据统计,我国上线运营的广播电视网站已有 349 家,其中广播电视混合网 87 家,占总数的 25%,在综合类网站前 100 名的排名中,只有央视网、凤凰网入围。① 从当前业界发展状况看,平台型网络电视台建设的核心原则应当体现为"双向交互+非线性传输+海量专业化"。从这三个原则出发,传统电视向网络视听新媒体发展路径的功能设计就有了明确的指导思想,即建设双向交互的共享平台、非线性传输的技术平台以及海量专业化的内容平台。进一步分析还可以看出,这种基于互联网技术,聚合现有电视台节目、媒体资源库内容和海量的互联网内容,通过互联网、有线电视网、无线传输网和宽带网、移动网向电脑用户、电视用户和手机用户提供全新互动节目的新媒体平台为传统电视媒体向平台型网络电视台转型搭建起了更加广阔的发展平台。仍以中国网络电视台为例,在运行实践中,中国网络电视台用跨越式的发展速度搭建起了以视听互动为核心、融网络特色与电视特色于一体的全球化、多语种、多终端的网络视频公共服务平台。

在双向交互方面,中国网络电视台"以参与式电视体验为理念,在对传统电视节目资源再生产、再加工以及碎片化处理的同时,着力打造网络原创品牌节目,鼓励网友原创和分享,注重用户体验"②。在非线性传播方面,中国网络电视台为受众提供了电视节目搜索、直播、点播、重播、下载等服务,改变了传统电视节目"过时不候"和受众守着电视"等"节目的处境。在专业海量内容建设方面,中国网络电视台依托中央电视台 50 多万小时的优秀历史影像资料和全国电视机构每天播出的 1000 多个小时视频节目,正在建设我国规模最大的以网络视频为核心的多媒体数据库。

---

① 陆地:《中国电视媒体的转型与创新》,《2007—2008 年中国传媒产业发展报告》,社会科学文献出版社 2008 年版,第 154 页。
② 汪文斌:《中国网络电视台的战略构想与实践》,《新闻战线》2010 年第 2 期。

从中央电视台国际互联网站到中国网络电视台的成立,这个过程可以说是中国传统电视媒体向平台型网络电视台发展的一个重要里程碑,也是传统电视立足于自身媒体发展的纵向延伸。

目前,由于受到国家广电总局相关政策鼓励与市场竞争需求的双重推动,省级网络电视台也在陆续开播,其中以 2011 年 4 月 6 日全国第一个正式上线的安徽网络电视台以及后来的浙江网络广播电视台为代表。与中国网络电视台相比,省级网络电视台的定位更注重本土化的节目内容,专注于打造一个具有排他性、与母体电视台具有相同鲜明特色的网络视频传播平台。像安徽网络电视台定位于"中国热播剧第一门户",打开其首页,可以看到不管是文字、图片还是视频都以热播剧为宣传重点,而新闻资讯也以热播剧资讯、明星动态等娱乐信息为主,其整体风格一目了然。而浙江网络广播电视台则以新闻为重心,突出浙江特色,将社区互动作为基础,以实时直播为突破口,对省内发生的重大新闻事件、突发性新闻和重要活动进行插入式直播,为海内外浙江人搭建一个全方位的信息互通平台,满足网民对信息的即时需求。不得不说浙江网络广播电视台凸显了自己的核心竞争力,即新闻直播视频,以此作为自身重点发展方向,令人耳目一新,这在今后的发展中将是一大特色优势,其社会影响力值得期待。

除了国家级、省级网络电视台的建设与推进,地方网络电视台的组建和开播又为中国网络电视的发展增添了一道亮丽的风景。由 42 家区域性电视台联合组建的城市联合网络电视台(CUTV)于 2011 年 8 月 26 日在北京正式开播。这是继中国网络电视台(CNTV)开播之后,由广电系统打造的又一个平台型网络电视台。与 CNTV 不同,CUTV 采用"公共节目平台 + 各联合开办单位节目分平台"的整体架构,覆盖全国 22 个省市,有近 8 亿用户人群成为潜在受众。由地方媒体结盟组成一个联合体,既可实现资金聚合,又可实现资源整合,除共享其新闻资源之外,其运营方式也有突出优势,即各个城市电视台可以集结自己购买的视频内容在同一个网络电视台上发布,而不同城市所购买的不同类型的电影、电视剧的集聚效应可以吸引更多用户成为节目受众。与其他视频网站相比,CUTV 一方面系统地囊括了更多视频内容,另一方面其内容、受众、市场的集聚效应对网络广告的投放产生了更好的功效。同时,CUTV 购买版权的成本压力也会明显减少,而更多的广告收入将在联盟成员中进行分配。可以预见,多家城市电视台共同打造的网络视频发展模式将对互联网视频的进一步发展和完善起到重要的示范和借鉴作用。

第二节 中国网络电视台发展现状分析

中国网络电视台的开播,不仅对受众参与度、传播者业务素养、节目内容制作以及赢利模式的探索提出了新要求,而且其发展本身也凸显出许多新问题。随着垂直类视频网站以及门户网站视频平台的持续发展,有限的受众与广告资源正在被越来越多的新兴影像媒体瓜分与蚕食,直面竞争的传统电视感受到了前所未有的压力与挑战。作为我国传统电视媒体魁首的央视,早在 2009 年底就高调推出了中国网络电视台,开始实施传统电视媒体的网络视频业务战略。转眼几年过去了,中国网络电视台是否如预期一样,对受众的各种许诺是否兑现,既定的发展目标是否实现,还有哪些问题值得探究,这里将从受众、传播者、内容、赢利模式等四个方面入手,对中国网络电视台的发展现状进行分析,提出思考。

一、受众在传播中的地位是否真正由被动变为主动

作为一种新兴媒体,中国网络电视台在诞生之初就制定了建设成为互动性强、反馈及时、具有个性化定制功能的传播平台的目标与发展方

向,其目的主要针对传统电视的"软肋"而发力。因为传统电视是一种强制性、灌输式的传播,即电视台播放什么电视节目,受众便收看什么节目,受众是一个纯粹的客体,唯一的自主选择权便是拿在手里的遥控器。如果受众真正想要看的节目没有一家电视台正在播放,那只能望"台"兴叹了。相比而言,中国网络电视台除了可以为受众提供直播节目以外,还可以提供点播节目。受众想看什么,只要能在网络电视台搜索到视频资源,鼠标轻轻一点,想看的节目就会跃入眼帘。同时,受众喜欢的电视节目想什么时候看,就能什么时候看,不必拘泥于传统电视为受众安排好的节目时间表,可以说受众成为节目资源的主人,拥有一定的支配权和掌控权,其自主性和主动性显著提高。更为重要的是,中国网络电视台较之传统电视,其互动性大大地增强。在传统电视传播中,电视节目与受众的互动是延时滞后的,甚至没有互动。而在观看网络电视台的节目时,受众可以在观看电视节目的任何时候,像心情舒畅时、情绪悲愤时、心境平稳时,与其他网友一同讨论那些令你舒畅、悲愤、无聊的节目内容,或许有些讨论会引起你的共鸣,或许会形成激烈的辩论,此时此刻,这不仅是电视节目与受众的互动,更是受众之间的互动。另外,中国网络电视台还为受众提供了上传服务,任何受众都可以参与制作,上传自制或转载的视频内容,同时制定属于自己的个性化视频专辑,展现自己的独特风采,此时的受众本身就是作为一个传播者的主体而存在。

表面上看,受众的主体性在网络电视时代显著提高,受众的地位和角色也发生了很大的改变,但现实果真如此吗? 首先,受众选择并不完全自主。中国网络电视台提供的点播服务虽然给受众提供了自主选择上的便利,但这个自主选择是有条件的,即受众只能在网络电视台提供的资源库中去搜索选择,一旦搜索不到,受众所谓的主体性便荡然无存。中国网络电视台提供的个性化服务,帮助用户制定属于自己的专属电视台,也都是一些无法真正实现的承诺。比如受众访问了中国网络电视台"爱西柚",

即视频互动分享频道的某个视频,该视频的下方便会出现另外几个相关的备选视频链接,旁边还有一句"您可能喜欢的"话,不能否认这些为受众的选择提供了便利,但恐怕这些选择离真正的"自主选择"还有不短的距离,当受众在点播相关备选视频的同时,其主动权便被传播者悄悄地架空了,虚无之中有一双看不见的手在推拉着受众,不知不觉之中受众便会迷失自己。就像有时我们本来是有目的地在网络电视台观看某一视频节目,但随着我们不断地点击网络电视台的推荐链接,我们的收看轨迹也便越来越偏离自我的初衷,等我们再回过神来,却发现时间已悄然逝去,如果偏离太远,甚至我们还会忘记自己的原本目的,"我本来是要干吗的?我怎么会在看这些视频?"这样的疑问会产生就不难解释了。

其次,视频互动分享不足。在中国网络电视台上,受众与电视节目的即时互动以及自主地参与制作、上传视频节目等行为都不是随心所欲的。比如敏感视频的互动平台会被关闭,受众的敏感评论会被删除,而视频的上传也是一个漫长和前途未卜的过程,往往要等待一天的审核甚至直接被删除。显而易见,主动权、掌控权并没有真正移交到受众手中,较之传统电视,他们仅仅是尝到了点儿甜头的受众,但依然是受众。

二、传播者队伍建设是否完善

首先,传播人才数量有限。网络媒体以其快速及时、迅雷不及掩耳之势向受众传递信息,而与传统媒体产生质的区别,这也是越来越多的受众选择使用网络媒体获取信息的一个重要原因。网络电视台坐拥网络这样一个巨大的资源库,可以及时在网络上搜集、整理甚至制作专题发布信息,而中国网络电视台作为国家网络电视台还拥有自己的采编权,且网络电视较之传统电视从采集到传播这一过程被扁平化,所以说网络电视台完全可以占尽时效的先机。但事实上,中国网络电视台的电视节目一般都是在央视播出之后,再把央视的视频内容挂在网上,而自身的采编投入却远远不够。虽然中国网络电视台依托央视视频资源,在有些视频的播放上比同类网络电视台稍微快速一些,但终究是利用央视播出后的视频,在这一点上还是落后于传统电视。甚至关于某些新闻,传统电视台的专题节目已经播出,而网络电视台还迟迟未见动静。这种状况的存在与网络电视台的传播人才不足不无关系,拿中国网络电视台的新闻社区来说,到 2011 年初其新闻社区工作人员仅有 60 余人,且这 60 余人要负责从时政到经济到体育再到娱乐等各个方面新闻视频的发布,其人员严重不足,就更不用说抽出人员出去采访了。

其次,传播者业务技能不够全面。在网络传播时代时效性其实还是次要的,因为网络的存在,信息转瞬之间便会传递到地球的各个角落,所以"取而代之的是变线性传播为网状传播,如何从新颖的角度去分析新闻的要点、挖掘新闻的深度、拓展新闻视角的广度成为竞争的价值所在"。① 这就要求网络电视台的传播从业者转变传播理念,拥有专业化的全球视野,能够运用纵向和横向相结合的办法,从多角度呈现某一信息,因为独家报道已经不适用于网络时代,而深度报道才是最终王道。要实现这一目的,一个行之有效的办法就是将视频资源库的内容进行整合、归类后制作出全新的节目。拿新闻来说,需要不断推出新闻专题类节目以满足受众需求。虽然有时也会看到中国网络电视台在跟随一些热点事件、重大事件,不断推出一些具有一定影响力的新闻专题节目,比如:"领导人日志"、"回眸'十一五'展望'十二五'"、"利比亚政局动荡,中国紧急撤侨"等等,这一点是值得肯定的,但目前中国网络电视台推出的新闻专题类节目总体数量有限,从业人员的新闻敏感性也不够,在采集、传播信息的过程中,不太注重新闻传播理念的指导作用,有时甚至是其他兄弟台怎么传播,自己就全盘照搬地去拷贝。笔者曾经实习的新闻社区,有些编辑一天

---

① 王长潇:《论网络电视对传统电视传播模式的影响与改变》,《中国广播电视学刊》2007 年第 11 期。

的工作就是不断地浏览可供中国网络电视台转载新闻的网站,比如新华网、中新网、人民网等等,密切关注这些网站推出了什么头条、又增加了哪些重要新闻,然后将其转载到自己的网络上。另外,网络传播时代需要的是全能型采编人员,而目前网络电视台的采编人员的业务技能远远不能满足现实的需要。由于中国网络电视台是自主招收人员,从业人员并不是从央视直接划拨过来的有经验的电视工作者,其个人专业教育、文化背景、从业经历参差不齐,大多数从业人员根本无法承担独立的新闻专题的制作任务。

三、内容资源优势是否发挥充分

网络电视台以传统电视台为依托,拥有海量的信息资源库,特别是中国网络电视台除了拥有央视这个资源库以外,还与全国共计339家新闻单位实现了资源的共享转载,优势是显而易见的,这也是其他视频网站可望而不可即的。但是这个衔玉而生的骄子却没有利用好自己得天独厚的优势。

首先,网络电视台的视频优势没有凸显。中国网络电视台自诞生之日起就致力于把自身打造成为一个"以视听互动为核心"[1]的服务平台,"立足于建设我国规模最大的网络视频节目数据库"[2]。但浏览了中国网络电视台的网页之后,便会发现中国网络电视台仍然存在着网络电视台只见"图文",不见"电视"的尴尬局面,除了电影、电视剧、动画片、纪录片等直播点播节目外,很多新闻链接打开却仅仅只有文字或者图片报道,并没有视频的存在,所谓全方位的视听享受并没有实现。

其次,视频资源库未被充分开发挖掘。目前中国网络电视台网页上

---

[1] 汪文斌:《中国网络电视台的战略构想与实践》,《新闻战线》2010年第2期。
[2] 朱旭红:《中国网络电视台的发展战略思考》,《电视研究》2010年第4期。

的新闻视频大都采用央视的视频资源,而一些地方台比如东方卫视、湖南卫视等有影响的视频资源只是以直播和点播节目的形式提供给受众,并没有被充分挖掘。电视剧和电影资源也没有被充分开发和利用,影视新片前期宣传不足,没有把握住影视资源的首播权,仅仅简单将其分类了事,如此一来,灵活多样的民营视频网站往往抢走了这类影视资源的点击量。不过我们也欣喜地发现,中国网络电视台在 2011 年刚改版的首页上,采用大幅的影视、动画剧照来推广和宣传影视资源,或许能够吸引一部分受众。

再次,内容质量不高。高质量的内容是吸引受众的法宝,虽然中国网络电视台能够给受众提供高清晰度的、流畅的视频观感,但其内容却缺乏差异化和创新性的竞争实力,基本上就是传统电视台各个频道的翻版。比如央视一些知名的新闻节目《国际时讯》《共同关注》等主页,受众能看到的仅仅是新闻节目视频的逐条切分。这种简单的照搬和拆分,与观众收看传统电视并无二致,无非是便利了受众的查找并可以随时点播和重复观看,没有体现出视频资源组合、再创作的最大、最优价值,其宝贵的视频资源就这样低效率地被浪费了。

最后,受众定位不清。网络电视台要发展,就要想网民之所想,尽最大可能满足受众的需求以吸引受众。目前看,网络电视台的主要受众群体应该是年轻一代,所以要抓住年轻人的特点,摸准年轻人的脾气,投其所好。由于年轻人的观念较开放、前卫,易接受新鲜事物,同时承受着升学、工作、住房、情感等压力,年轻人看网络视频更多的是抱着一种缓解压力、寻求共鸣的心态。而中国网络电视台的视频资源却更新过慢,有些新片、热片根本搜索不到,受众求新求快的迫切心理在这里得不到满足,自然会把目光投向其他视频网站。另外,关于新闻视频,中国网络电视台刻意回避敏感新闻事件,网上硬新闻数量远远超过软新闻数量,且国内新闻报道大多是正面积极的,国外新闻报道大多是负面消极的,这种传统电视新闻的编排没有把准受众新闻获知的心理需求,也就无法建立起自己稳定的受众群。

四、盈利模式是否明晰可行

首先,牌照优势没有充分利用。"国家广电总局对新媒体业务实行较为严格的准入式管理,牌照成为地方媒体难以获得的稀缺资源。……目前 IPTV、手机电视、移动电视等牌照的发放几乎仅限于京沪穗,地方媒体无法大规模涉足相关领域。"[1]中国网络电视台有着得天独厚的优势,"目前除拥有自主采编权外,还获得了视听节目服务、手机电视、移动电视、IPTV 四大牌照,建立起多终端发展的格局。"[2]虽然中国网络电视台目前的盈利模式从单一广告形式扩展到与电信运营商的合作,但其手机电视、IPTV、移动电视的发展还很不完善,仍处于低层次阶段,盈利能力不强,其牌照优势并未充分发挥。因此中国网络电视台主要还是依靠与广告商的合作来获利,这与其竞争对手的获利方式毫无区别,也就无优势可言。

其次,公益性质被商业意味掩埋。由于中国网络电视台的特殊身份背景,需要把公益性放在一个重要的位置上。学者于燕枝认为,民营视频网站多"以盈利为目的,以经济效益为核心",而中国网络电视台"最根本的和最核心的还是以社会效益的追求和实现为主"[3]。对网络媒体追求经济效益不能妄加评判,因为任何媒体网站都需要经济收入来维持其正常运行,但中国网络电视台在追求经济效益的过程中,过分地强调与广告商的合作,而忽视了其作为国家电视台的特殊身份,在许多节目的采编和把关上弥漫着过浓的商业味道。笔者在实习期间曾遇到过这样的情况,由于中国网络电视台与某商家有广告业务上的往来,有关该商家的负面

---

[1] 易绍华:《电视的活路——数字化背景下电视媒体的网络化生存研究》,厦门大学出版社 2010 年版。
[2] 姜德贤:《CNTV 发展环境 SWOT 分析》,《青年记者》2010 年第 6 期。
[3] 于燕枝:《国家网络电视台和民营视频网站岂可相提并论》,《声屏世界》2010 年第 5 期。

新闻一律不予上网报道。以经济利益的诱惑而侵犯消费者的合法权益，这不是中国网络电视台的应有之义。

需要指出的是，虽然目前中国网络电视台的发展还没有达到预期的结果，还有许多问题亟须业内人员和理论工作者的深入探究，但它正处于不断完善提高的发展阶段，中国网络电视台会走出一条属于自己的发展之路。

第三节　web2.0背景下电视媒体网站的困境与拓展

随着 web2.0 技术应用的广泛深入，如何充分利用 web2.0 的技术性能以及全方位体现传播者与受众共同创造核心价值的传播理念，已经成为各级各类电视媒体网站进一步完善发展的难得机遇。相对 Web1.0 而言，Web2.0 是新的一类互联网传播应用的统称。它以 Blog、TAG、SNS、RSS、WIKI 等社会软件的应用为核心，更注重受众与互联网平台的交互作用，体现了传播者与受众共同创造核心价值的传播理念。作为传统电视媒体和互联网技术相结合的产物，电视媒体网站将自身拥有的视频信息资源与网络传播优势结合起来，以新技术、新手段扩大其传播领域和范围。目前，国内各级各类电视台已基本实现网上传播，虽然经过10多年的快速发展并进一步完善，但网络传播具有的注重效率、主张个性、开放互动等特点与电视媒体固有的传播体制、传播内容、经营意识、传播理念等方面的特性无法有效适应和衔接，使其传播效果和影响力不可避免地打了折扣。究其原因，可从以下几个方面加以分析。

一、强化忧患意识，拓展新的传播领域

体制的制约限制了电视媒体网站的发展。由于电视媒体网站一般依

托母体电视台而成立,所以电视媒体网站多采用与母体电视台相同的事业管理体制,而不是与之相适应的企业化管理体制。具体表现在网站缺乏长远规划和整体设想,信息量少,时效性差,管理体制不顺、机制不活,没有充分发挥母体电视台节目资源优势和采、编、播、摄的人才优势,从而导致电视媒体网站在与商业网站的竞争中每况愈下。与之相反,商业网站由于成功地运用技术平台,实现对信息内容的高效整合,获得了进一步发展的机会。尤其在 2002 年前后,正当商业网站逐步尝试 Web2.0 概念的时候,电视媒体网站再次受限于政策、体制、观念、人才等因素的制约,发展至今,虽然拥有了官方的权威地位,却未能成为 Web2.0 时代的主角。以央视国际为例,2004 年其在全球 4000 多万互联网站中的综合排名曾一度上升至 48 位,在国家 8 大重点新闻网站中排名第 1 位,大大缩小了与商业性综合门户网站的距离。但体制的约束始终牵制着电视媒体网站的发展步伐,使得它们与商业网站的距离又渐渐拉大。而商业网站自创业之初就采用市场配置资源的运营模式,这就使得商业网站从一开始就站在了行业的制高点上,它们拥有科学的管理制度、丰富的内容、先进的技术以及优秀的专业人才,吸引了众多的网民,做大了眼球经济。

  节目资源内容的匮乏始终是牵制电视媒体网站发展的一个症结。发展初期,国内电视媒体网站主要提供以下内容:一是把整套(或栏目、重要节目)的电视节目原封不动地在互联网上实时广播,以期借互联网把电视内容传得更广、更远;二是将优秀的视频节目重新编排,供受众点播;三是提供文字、图片信息(主要是新闻);四是把电视与互联网融合起来做节目,一方面在网站上介绍电视栏目、节目,提供背景资料,另一方面,受众可以通过互联网的电子邮件、聊天室等发表意见,参与节目。[1]

---

[1] 董年初等:《网上广播电视的发展与思考》,《广播与电视技术》2001 年第 6 期,http://www.cnr.cn/ 2005－11－18.

时至今日，综观各级各类电视媒体网站，除央视国际和为数不多的省级电视媒体网站外，这种因陋就简式的建设局面并没有得到根本上的改进，大多数电视媒体网站只是把母体电视台的节目资源进行简单的分类和重组后放到网络上，有些内容则带有简单复制和剪辑拼凑的痕迹。对受众而言没有吸引力和竞争力。尤其面对数字广播电视、卫星广播电视、其他媒体网站、商业综合门户网站、商业专业类网站、IPTV 等的竞争，电视媒体网站只有全方位地提供具有自身特色的节目内容，才能拥有更好的生存和发展空间。另外，与有形的节目资源瓶颈相比，传播理念不清和经营意识不强则是当前制约电视媒体网站发展的无形障碍。

二、强化"受众为本"传播意识，拓展新服务内容

电视媒体网站应该充分利用 Web2.0 的传播特点和技术优势，实现自身理念和思想的改变。在强化"受众为本"的传播意识上，电视媒体网站应借鉴 Web2.0 先进的技术和成功的经验，开展传统电视不可比拟的"双向、交互、多功能、多业务"的内容服务，并把互联网上的各种 Web2.0 的业务转移到电视媒体网站上，从而开发电视媒体网站的增值潜力。具体业务包括在网上提供付费电视、视频点播、数据广播、互联网接入、网络游戏、电子政务、电子商务、远程医疗、远程教育等，同时还应提供手机流媒体及短信、彩信、彩铃等增值服务，为产业发展和业务经营开辟新的赢利空间。例如，从 2006 年开始改版的央视国际网站，重点建设了电视指南、新闻、经济、体育、娱乐、电视剧、电影、动画、音乐、生活、科学、教育、社区、网络电视、电子商务等内容板块，加大视频直播与点播等特色服务，引入主持人博客、播客和央视社区等互动新概念，打造网上知名论坛品牌，以央视热播节目为基础，结合社会热点话题，构建形态多样、功能齐备、人气旺盛的系列化论坛群，并与"博客"、"播客"、在线访谈等共同构成综合性网络社区。依托自身特有的名人资源与品牌知名度，建立专门

的博客团队，为名主持人、名记者建立个人博客空间，内容包括个人主页、日记、文摘、图片、视音频、fans 俱乐部等，其目的是为名主持人、名记者搭建一个与网友、观众进行展示、沟通、交流的平台。同时，依托央视巨大的电视节目资源，充分利用 Web2.0 的传播特点，全面借助新媒体技术，包括视频搜索引擎、P2P 流媒体传播、即时通信、视频会议等技术，不仅实现了视频搜索新功能，而且打造了电视活动网上互动参与平台，包括预告、报名、征集、调查、投票、答题、预赛、网上路演等。目前，中国网络电视台正不断借助先进技术研发新内容、新功能、新服务，逐步建立包括网站、手机、PC 客户终端等在内的、覆盖面更广的，具有视听互动特色的集约型新媒体服务平台。

  在拓展新的服务内容方面，电视媒体网站还应盘活母体电视台拥有的丰富节目资源。据不完全统计，仅中央电视台就有成百上千万小时的可开发再利用的影像节目资源。在"内容为王"的网络传播时代，这些节目资源将是电视媒体网站手中的制胜"王牌"。将电视台拥有的视频节目重新编辑加工，精心制作成符合网络传播的再生产品，既可为电视媒体网站提供丰富多彩的节目内容，又可使传统电视节目价值得以提升。另外，在原创性的节目内容方面，电视媒体网站拥有自己的优势：一是可以依托母体电视台拥有的高素质采、编、摄、制作队伍进行创作；二是依托母体电视台已经建立的稳固信息来源渠道，并被政府授予新闻采访权，能够掌握新闻传播的主导权；三是依托母体电视台已经树立的信息可信度，从而拥有品牌优势。[①] 同时，电视媒体网站还具有衍生产品综合开发的优势，其产品可以得到全方位的宣传、包装和推广。电视媒体网站拥有的这些优势，恰好是其他商业网站在产业竞争中的先天不足。

---

① 董年初等：《网上广播电视的发展与思考》，《广播与电视技术》2001 年第 6 期，http://www.cnr.cn/ 2005－11－18。

三、强化市场经营意识，拓展新的经营模式

因为 Web2.0 的理念代表的是一种开放、灵活、互动性的内容创建模式和商业经营模式，所以国内电视媒体网站应大力推广双向、互动平台，充分利用 Web2.0 技术在经营模式上不断探索和创新，将传统的 Web1.0 盈利模式与 Web2.0 的创新应用紧密结合起来。国内电视媒体网站经过十余年的发展，已经形成一定规模，但无论规模、产品种类还是市场影响，都无法与商业门户网站相比。电视媒体网站与商业网站相比，其最大优势在于新闻信息服务，加上采编力量、品牌效应及发布专营权、器材设施先进等都为一般网站难以企及，因而在尝试和探讨各种盈利模式上具有得天独厚的优势。以中国网络电视台、凤凰网、SMG 网站、湖南金鹰网为代表的电视媒体网站已经开始了市场化运作的积极探索，其探索的经验和发展方向可概括为以下几个方面：

首先，明确产权关系，逐步实现以独立企业的身份进行市场运作。电视媒体网站一般脱胎于传统电视媒体，产权模糊，组织性质始终在盈利与非盈利单位之间游走，电视媒体网站的负责人一般由电视媒体委派，电视媒体为其提供运作经费，同时控制其整体的运营活动。这种特殊身份决定了电视媒体网站"两不靠"的角色定位：一方面，其竞争对手不是和它同样身份的其他电视媒体网站，而是完全市场化运作、拥有强大市场阵容且日益咄咄逼人的商业网站；另一方面，它与电视台关系密切，它受电视台资金资助，其运作要受电视台的干涉和控制。现实中目前绝大多数电视媒体网站都存在融资渠道单一、资金不足的问题，而不明晰的产权关系，阻碍了网站融资和开拓市场的步伐。因此，电视媒体网站的改革发展方向首先要明晰产权，以电视台为投资主体建立相对独立的法人企业，并将电视台对其资金输入转为资本投资，从而以企业的身份实施市场运作。这样既能保持对电视媒体独家资源利用的优势，同

时又可以轻装上阵，实施全方位的商业运作。

　　第二，树立经营理念，明确自身使命和运营目标。商业网站的成功为电视媒体网站提供了很好的样板，也提出了严峻的挑战。电视媒体网站在拓展各种赢利模式上应从实际出发，量力而行，确立不同的发展目标。无论是从信息资源、人力资源还是经济实力来讲，不同的电视媒体网站盈利模式存在着较大差异。从电视媒体网站的级别和层次来看，全国的、省级的和地市的电视媒体网站由于人脉各不相同，资源优势各有差异，政府支持的力度大小不一，因而对于盈利模式也会有不同的选择和追求。对于实力雄厚的中央级网站来说，由于关注度较高、网民数量可观、人气指数高，其盈利空间较大，可供利用的资源也多，所以宜建成跨地域、全方位、服务型的综合性门户网站。地方电视媒体网站则可以集中力量根据自身优势在专门化上下工夫，建造特色服务型网站或特色频道，也可以通过区域性联合和资源整合增强实力，建造名牌网站。但无论确立什么样的发展目标，都应重点突出以 Web2.0 传播模式来经营电视媒体网站。

　　第三，使用合作手段增强自身实力。作为融合了多种媒体特性的新兴媒体，电视媒体网站具有品牌、资源、人才等多种优势，可以走与其他新兴媒体联合开发之路，通过纵向联合电视媒体，横向联合互联网站、手机等新兴媒体，从而实现立体交互的网络联盟，进而占领互联网传播的有效市场。当前，除中国网络电视台等少数网站外，电视媒体网站大都规模小、效益低、内容少、服务差，毫无竞争能力可言。电视媒体网站要想跟上市场的步伐，必须强化自身实力。而实践证明小型企业如果自己积累不足，单靠自身力量发展是一件非常缓慢的事情，要想快速发展，多方合作就成了必由之路。比如，通过区域性联合和多家电视媒体网站的资源整合可以在比较短的时间里形成行业强势，从而增强竞争实力。在形式上，可以由各区域网站间各取所需结成区域性的、或跨市场的资源共享联盟,这种联盟一方面可以实现规模效益,另一方面还可降低投资风险,同样能够做大做强①。

第四,加强与网络电视(IPTV)的融合发展。作为 Web2.0 时代的新兴媒体,网络电视(IPTV)正在蓬勃兴起,这种基于互联网协议的传播形态是指利用宽带有线电视网或宽带互联网的基础设施,以家用电视机或电脑作为主要接收终端,通过互联网协议来提供有线电视网、互联网、多媒体、通讯等多种技术在内的数字媒体服务的综合性媒体形式。网络电视(IPTV)不仅具有电视媒体网站的所有传播功能,而且还能为用户提供更加便捷、全面、到位的服务,被誉为受众自己的"专属电视台"。因此,网络电视所具有的更加完备的深层次服务功能正是电视媒体网站与之加强融合发展的一个主要原因,也是拓展自身发展空间的一种积极选择。

---

① 董年初等:《网上广播电视的发展与思考》,《广播与电视技术》2001 年第 6 期,http://www.cnr.cn/ 2005—11—18.

第六章　融合网络视频传播的发展路径

在"三网融合"快速推进的背景下,如今的新浪、搜狐、腾讯等门户网站不惜重金投入开办网络视频业务,优酷、土豆、酷6等垂直视频网站加上以电信业运营的 IPTV 发展迅速。面对网络视频市场的激烈竞争,传统电视媒体在与视频业务相对成熟的商业视频网站以及其他非电视台视频生产机构进行横向联合中,通过实施节目资源输出与输入策略,同时借助在专业技术、人才队伍、知名品牌等方面的先天优势,延伸了自身的产业价值链,增强了市场竞争力,扩大了社会影响力。

第一节　传统电视整合网络视频的策略与实践

网络视频凭借其网络终端的先天条件和技术优势,屏弃了传统电视媒体的时间、地域、容量、被动接收等限制,分流了电视媒体的内容、受众、广告等资源,弱化了电视媒体的社会影响力及市场占有率。然而拥有节目资源、品牌口碑、专业技术、人员素质等差异化竞争优势的传统电视媒体,在竞争中找到了与其他网络视频媒体进行融合发展的结合点。

一、传统电视与播客等民间影像资源的内容整合

国内传统电视对非电视机构生产的影像资源的开发和利用始于新世纪初 DV 广泛兴起的年代,2001 年底凤凰卫视《DV 新世代》栏目的开播,标志着民间影像与传统电视的正式联姻。紧接着,2002 年初成都电视台率先在新闻栏目《每日报道》中推出"DV 新闻大赛"。DV 在新闻节目中的出现,不仅是新闻主体意识的一种转变,也是媒体遵从多视角报道新闻主旨的一种体现。之后,众多电视台相继开办了各种固定 DV 栏目,在栏目中展示了大量来自社会各阶层的具有原创性、实验性、纪实性的 DV 作品。DV 栏目的开办在丰富了传统电视传播内容的同时,也有力地推动了民间影像的健康发展。时至今日,随着播客等更具广泛意义的民间影像制作的进一步发展,传统电视对民间影像资源开发和利用的内涵及外延也在不断扩展。

与过去 DV 民间影像不同,当今的播客等网络视频拥有与生俱来的网络传播渠道优势,形成了独立的传播体系。这样,传统电视就与播客等网络视频传播机构建立起更加广泛的合作关系。例如在国内,福建东南电视台曾经整合了网民自行摄制的视频短片推出固定日播电视栏目《播客风暴》,依托有中国 YouTube 之称的"土豆网"上的播客资源,与"土豆网"联手深度加工这些影像资源,在更多栏目和更大范围内加以传播。在美国,哥伦比亚广播公司(CBS)也播放 YouTube 网民制作的视频影片,该公司每周选出五个 YouTube 短片放在公司网站上,再由评审委员会每季至少选出一个在电视上播放,目的是希望传统电视可结合自制网络视频影片的影响力留住观众。实践证明,电视媒体兼收并蓄了大量来自民间的珍贵影像资料,让普通草根民众成为了新闻传播的参与者,更重要的是在传统电视媒体与新兴播客等网络视频站点之间促成了一种更加专业、广泛、深层次的良性互动合作模式。

在传统电视媒体与新兴网络视频网站的合作上,播客不仅能成为电视媒体丰富的信息资源库,同时借助自身具有的开放性、分享性与交互性特点,还可以为传统电视提供一条畅通的信息反馈渠道,提供多元化新闻视角,打破传统电视的单一性格局,从而实现传播过程的循环与互动。与此同时传统电视也以积极主动的开放姿态借助播客线索挖掘深度新闻,扩大信息来源渠道及反馈渠道,培养民间记者队伍,以便丰富自身的传播内容。对电视媒体来说,这既是一种主观上的积极主动,又是一种客观上的外力推动。据统计,目前全世界新闻信息的披露,有70%左右的新闻资讯首先不是由专业新闻工作者、专业新闻机构提供的,而是由民间非专业人士、非专业机构提供的,也就是说在事实信息的提供方面,可能越来越多的是表现为多元化的参与。[1] 播客的兴起进一步增强了在事实信息提供方面多元化参与的深度和广度。

另外,由于拥有地缘优势和新闻获取接近性的便利,播客等民间记者使得许多市井社会新闻或突发新闻可以在第一时间得以报道,在时效性上往往超越传统电视媒体;在报道形式上,民间记者的"平民式"的影像表达,能够展现出传统电视媒体"专业化"影像表达所不具有的魅力,增加了新闻报道的个性化和亲和力。像安徽电视台的《第一时间》、湖南电视台的《晚间新闻》以及辽宁电视台的《新北方》等众多新闻栏目,都广泛采用普通百姓拍摄的影像资料并取得良好的传播效果。[2] 电视新闻节目中播客等民间影像内容的不断增加,体现的不仅是电视媒体选择的一种眼光和态度,更是电视媒体更好地借助专业和品牌优势培养草根记者,拓展信息渠道、扩大影响的一种积极进取的方法和行为。

---

[1] 〔美〕丹·吉摩尔著,陈建勋译:《草根媒体》,南京大学出版社2010年版,第105页。
[2] 王长潇:《新媒体论纲》,中山大学出版社2009年版,第170页。

二、传统电视与各类网络视频网站实施跨媒体合作

作为与线下电视最为相近的互联网服务,网络视频服务是使用最多的服务之一。据不完全统计,目前全世界约有 4 万多个网络视频网站,这个数量远远超过了传统电台、电视台的制作机构[1]。作为市场化运作的民营视频企业之所以具有如此强大的生命力,除了资本的助推、经营体制的灵活性以及高度的市场化运作,还得益于我国电视行业发展的分散性结构。目前中国有 200 多座电视台,2000 多个频道,几千家影视制作公司,产业格局极度分散,这就为商业网络视频网站创造了难得的发展机会。例如优酷网与一线媒体合作的伙伴已经有 260 多家,不仅包括上海卫视、北京电视台等主流电视媒体,而且包括中影、华谊兄弟等电影公司。其行业发展态势以及社会影响日益壮大,这也应验了麦克卢汉对于媒介影响力的推断,"媒介的影响之所以非常强烈,恰恰是另一种媒介变成了它的'内容'。"[2] 而媒介"内容产品通常由三个层面构成:第一是独立的内容产品元素,主要包括文字、声音和图像,这些元素构成内容产品的创作素材;第二是内容作品的逻辑关系,主要构成是'创意',它是内容核心价值所在;第三是内容产品的集成,围绕内容产品的核心价值,可以生产出一系列内容产品,形成产品价值链或者产业链。"[3] 从这方面的实践看,全球知名视频网站 PPLive 通过与上海文广集团、湖南卫视、凤凰卫视等众多电视媒体建立战略合作关系,使得全球近一亿的 PPLive 用户可以通过网络实时观看合作电视媒体的节目,一方面使其用户的选择面空前增加,另一方面,电视媒体借助网络视频网站的传播优势,拓展了传播渠道,延

---

[1] 参见 http://ju.qihoo.com/1664706/b_adz_1664721_852274.html.
[2] 〔加〕马歇尔·麦克卢汉著,何道宽译:《理解媒介——论人的延伸》,商务印书馆 2000 年版,第 35 页。
[3] 易绍华:《电视的活路——数字化背景下电视媒体的网络化生存研究》,厦门大学出版社 2010 年版,第 228 页。

伸了自身产业价值链,从而实现战略合作上的双赢。

目前,与传统电视媒体相比,虽然各类视频网站存在数量上的优势,但不等于其传播内容和节目质量上的占优。节目内容的匮乏,尤其是原创性节目内容的匮乏一直是制约这类网站进一步发展的瓶颈。中国的视频网站内容结构与美国的视频网站正好相反,影视剧资源占据 70% 左右,用户原创生成的内容仅占 20% 多。[1] 中国的视频网站上原创内容不但数量少,而且在质量上也难以与传统电视媒体相提并论。在这种情况下,正是传统电视媒体大有作为的时候,即充分利用其高素质采、编、制作队伍,拥有新闻传播的主导权及专业品牌认知度高等方面的优势,借助各种视频网站的传播渠道和日益兴盛的人气资源,就能延伸自身的产业价值链,增强市场竞争力,赢得更多的受众。

除了实时输出节目资源外,电视媒体还可以借助视频网站的传播渠道盘活以往积累的影像资源。中国的电视事业发展了半个多世纪,经过几代电视工作者的奋斗,已经积累了丰富的影像节目资源,在强调"内容为王"的网络时代,类似这样的节目资源将是传统电视媒体手中一个强有力的竞争"筹码"。如中央电视台等近百家电视媒体与国内知名视频网站悠视网开展了内容整合播出和互动服务的合作,通过双方对电视媒体以往影像资源的深度开发和整合营销,电视媒体不但获得了一个在互联网上扩大其节目影响的有效途径,而且通过节目内容的嵌入式广告得到了不菲的经济收益。目前,电视媒体拥有的节目资源优势,恰好是视频网站在发展中的先天不足,双方如若搭建一条垂直整合节目内容的产业价值链,通过多次整合开发,加上双方在传播渠道和受众人气的有效互动,就会实现电视台品牌从传统媒体向多媒体品牌的延伸与市场价值的提升。因此,电视媒体实施跨媒体合作策略,盘活资源并与各种视频网站建立战

---

[1] 易绍华:《电视的活路——数字化背景下电视媒体的网络化生存研究》,厦门大学出版社 2010 年版,第 173 页。

略合作伙伴关系就成为一种明智的选择。

三、传统电视与电信行业合作拓展移动网络

由于人类对空间位移便利性的永恒追求,为受众提供移动网络电视服务已经在广播电视和电信行业全面展开。但目前由于"三网融合"中的行业利益之争、标准不统一,导致传统电视媒体的移动电视业务发展缓慢,而中国移动、中国电信、中国联通等企业则在大力发展手机电视业务的同时,在 IPTV 建设方面也具有很强的竞争力。面对机遇和挑战,电视媒体如何开展手机等移动电视业务并在竞争博弈中保持优势,如何与电信行业进行战略合作实现互利共赢,已经成为传统电视媒体必须面对的现实课题。追根溯源,电视移动化的实践最早始于新加坡,2001 年 2 月新加坡人首先把电视安装在公交车上,启动了电视追逐观众、寻找观众的进程。电视机走出家庭,从固定的收视状态逐步渗透到移动收视状态,对室外空间的覆盖其实是对传统收视空间盲区的弥补。随着移动网络技术的进一步发展,"如果说第四媒体使人'粘'在网上,那么第五媒体则使网'粘'在了人身上"。[①] 而手机电视就是使电视节目"粘"在用户身上的典型代表,因为手机电视满足了用户随时随地的收视需要。不难预测,未来的手机电视媒体将成为移动时代的"终极王者",因为"作为移动信息终端,手机是移动媒体移动化最重要的激励者,是适应人的生活方式变化的最重要的信息平台,也是传统媒体理念的最重要的挑战者。"[②]

市场营销领域有一种策略称为"资源互换",即合作双方在不增加成本的基础上以现金或股权股价方式向对方转让资源,从而形成共赢局面。传统电视媒体与电信行业合作双赢的成功案例肇始于 2006 年凤凰卫视

---

① 朱海松:《第五媒体——无线营销下的分众传播与定向传播》,广东经济出版社 2005 年版,第 13 页。
② 陆小华:《新媒体观——信息化生存时代的思维方式》,清华大学出版社 2008 年版,第 185 页。

与中国移动在资本股权方面的横向联合。当年中国移动斥资12亿港元收购星空传媒集团持有的19.9%凤凰股份。根据双方签署的战略合作协议,移动和凤凰共同开发与无线媒体内容有关的产品和服务,凤凰卫视以优惠的条件直接接入中国移动的网络,享受移动的用户资源,而移动优先获得凤凰卫视的影像节目资源。随着3G时代智能手机用户群的不断扩大,传统电视媒体的节目资源优势正在促使节目资源相对匮乏的电信运营商以积极的姿态与传统电视媒体进行合作。当前内容依旧是移动化媒体发展的瓶颈,由于电信行业内容制作不是本行,即使与广电部门达成"善意合作",广电部门以前制作的节目也必须在改造的基础上才能在手机平台上播放。从广电系统看,虽有能力制作节目,但缺乏市场运作经验和制作手机电视节目的积极性。对于社会力量来说,手机电视业务的发展还处于萌芽时期,在盈利模式不明晰的情况下,还在犹豫不定地试探。正是这些因素导致当前移动网络电视节目供应的严重不足以及不能满足消费者对移动电视节目需求的根源所在。

  面对机遇和挑战,传统电视媒体与电信行业既是竞争对手又是合作伙伴,但以下三种合作模式应该成为主导未来市场竞争的策略:一是电视媒体变成无线运营商,即电视媒体不仅提供电视节目,同时从无线运营商那里购买数据为受众提供数据服务;二是电视媒体从无线运营商那里获得股份,这种基于用户订阅基础和营业收入分成基础的合作模式是电视媒体获得更大控制力的另一种竞合方式;三是电视媒体选择与无线运营商建立排他性的合作关系,这不仅有助于双方在短期内迅速占领市场,而且有利于双方进行可持续长远合作。[①]

[①] 易绍华:《电视的活路——数字化背景下电视媒体的网络化生存研究》,厦门大学出版社2010年版,第215页。

第二节　视频分享传播对传统电视的影响

尽管新兴媒体与传统媒体在信息源、传播内容、传播方式、受众类别等方面有着很大的差异,但以强调互动、分享、自由表达与个性创作等传播特征的视频分享网站,不仅对传统电视的传统观念、道德规范、新闻价值观提出挑战,而且对传统电视的受众观念以及媒介话语权等体制内容也产生了重要的影响。

一、视频分享传播使传统电视的受众从客体变为了主体

从信息制作的参与方式看,在网络视频分享传播时代,任何一个受众既可以是信息的制作者、传播者、接受者、消费者、把关者,也可以是集这五者之中的几个或者全部角色于一身。从这个意义上说,网络视频分享传播的出现使传统意义上的受众角色定位产生了质的改变,最突出的表现在于,受众自制影像节目的大量涌现,这时的受众拥有随时发布个人见解、编辑个人节目、制作影像内容并传播出去的能力。受众只需一台能上网的电脑和一台 DV 机,就能把自己想拍的影像拍下来,上传到网络上传播,甚至还可以开办一个属于自己的视频分享网站。以 "Broadcast Yourself"——"广播你自己"的 YouTube 为例,最初,人们只是把自己拍的家庭录像放到这个网站上和朋友分享,建立一个"和朋友分享生活点滴"的视频网站,视频的内容大多是孩子成长、朋友聚会、婚礼片段等生活细节的真实记录。随着网站流量和点击率的不断上升,越来越多的人开始上传自己专门创作的视频作品,并期望借助这个传播平台来表现自己、表达自己。于是,围绕视频的"上传"和"分享",YouTube 的用户可以通过电脑或者手机上传视频,上传后视频被自动转换为易于播放的视频格式,之后,用户可以选择是将视频公开分享给他人还是设为私有。不仅如此,YouTube 除了对单个视频大小有限制外,对每个用户的存储空间几乎没有任何限制。于是,"大众的电视"变成了"个人的电视","传者本位"变为"受众本位","大众化"变为"个性化",受众不仅变得"自由",而且拥有了"自我"。这时的受众不单单是一个信息接收者,而是成为一个变被动为主动的信息传播主体。

二、视频分享传播颠覆了传统电视媒体的内容制造权及社会监察垄断权

在传统媒体时代,传播权及内容制造权一向是掌握在传播机构的手中,但视频分享传播的崛起颠覆了这个权力结构,开创了"全民视频分享"的新时代。这个转变的重要性在于促使"使用者主导的内容"进入社会传播的主流。在这种传播效应下,"使用者主导的内容"日见普遍。在娱乐节目方面,普通网民也可以当上导演,制作节目,在网上及电视上传播。前两年的《一个馒头引发的血案》就是网民成为多重参与角色的例子。该片短时间内在网上流传,成为网友议论的焦点,迅速风靡在各大论坛和网站上。就像《一个馒头引发的血案》的表达方式那样,人们将在 web2.0 时代的浪潮中充分张扬个性,而许许多多"自主表达"的个性将构成社会民主的整体概念。同样在新闻领域,公民新闻快速发展,无论是韩国的 Ohmynews.com 还是"香港独立媒体",都是由普通市民提供新闻信息。当然,由市民直接提出监督及做出报道,反映了一些公民新闻网站已经颠覆了记者与读者的关系,开创了"人人可以当记者"时代。另外,在传统媒体时代,公众一般把监督政府及社会的任务交给新闻媒体,由它们充当"政府守门人",于是享有"第四权"地位的新闻媒体就掌握了监督权,一般老百姓也要通过它去进行社会监督。但自从有了 YouTube 等分享视频类网站后,网民可以把身边遭到的或见到的不公正事件直接上载到网站,

从而掀起了"全民监督"的风气。①

三、视频分享传播促使传统电视从业者的传播理念发生变化

在传播理念层面,网络视频分享传播冲击着传统电视从业者的观念意识和思维方式。传统意义上的媒体竞争意味着信息的简单获得,各媒体单位(电视首当其冲,报纸、广播等也不例外)为争得最具时效性的新闻并在最短时间内将之发回编排并传播出去可谓竭尽全力,总是配备最佳资源而且安排若干梯队以接力方式传递。但在网络视频分享传播时代,这种劳心劳力只为将早晚人们都会得到的新闻信息提前五分钟播出的"独家报道"式的竞争方式将不复存在的价值,因为网络视频分享传播会在眨眼之间为所有希望传递新闻的人将所需传递的信息复制、输出和送达。这样,取而代之的是变线性传播为网状传播,如何从新颖的角度去分析新闻的要点、挖掘新闻的深度、拓展新闻视角的广度成为了竞争的价值所在。这就要求传统电视从业人员不仅报道一个平面的事件,而且要在最短的时间里立体化地向纵深处用大量事实资料佐证和分析新闻事件的来龙去脉以及前因后果,这才是真正意义上的时效性竞争。为此,从业人员的思维方式应从传统电视传播思维逐步过渡到网络视频分享传播思维。与这种思维相配合,传统电视还应面对变化中的节目市场,建立更具活力、更具竞争力的组织结构,改革电视传播模式、组织模式、运营模式、管理模式,从而走出一条更具竞争优势的传播之路。

---

① 李月莲:《"YouTube 现象"带来的社会颠覆与传媒教育》,《传媒透视》(香港)2007 年第 3 期。

第七章　打造完整网络化产业链及推进电视产业体制创新

在媒介融合背景下,传统电视媒体若要寻求发展,不能忽视与视听新媒体的融合,通过开发新业务来培育视听新媒体产业,力求实现与新媒体的优势互补,这样才能在未来的媒体格局中保持优势地位。探究电视媒体从传统的发展模式转换到与视听新媒体融合的全新发展模式,需要从多个角度、多条路径进行。在实践中,传统电视媒体已经在打造完整网络化产业链及推进电视产业体制创新等方面进行了探索并取得了一定的成果。

第一节　打造完整网络化电视产业链

传统电视产业链以节目(内容)为核心,强调以电视机为平台或窗口的传播,在与视听新媒体融合发展时,其产业链则是以信息或数据库为核心,内涵与外延都大大扩展,传播平台也突破了单一电视机平台,延伸到了各种信息接收终端。在创造经济效益上,传统电视产业链以节目为免费(或部分免费)信息,依托其带来的收视率进行二次售卖从而创造广告收入,而两者融合后的产业链则把信息变成商品,直接通过售卖而创造收益。与传统电视产业链相比,完整网络化产业链是以信息或数据库为核心并将数据信息商品化,其传播渠道突破了单一的电视机而延伸到了各种信息接收终端,同时对信息的销售以获得可持续发展的经济效益。[①]所以两者融合发展离不开完整网络化产业链的构建,只有形成完整的网络化产业链,融合发展才能保持可持续性。

一、信息共享的平台化

打造完整的网络化产业链,首先要完成传统电视的内容生产转型,构建一个以视听互动为核心,融视听新媒体特色与传统电视特色于一体的立体化生产平台。内容生产在新的网络化产业链中占到50%以上的份额,而在传播渠道多样化的时代,内容无疑是媒体的核心竞争力,媒体间的竞争首先是传播内容的较量,掌握内容优势就等于掌握了市场优势。推进传统电视媒体的内容生产转型,首先要整合资源,改进自身的内容生产平台,通过跨媒体协作搭建起全媒体内容资源整合和生产发布平台,实现内容资源的多次利用,确保电视台针对视听新媒体的"多元发布、多次营销",放大品牌效应。

构建网络化的信息生产平台,首先可以避免海量数据的重复采集,给视频资源的校对、录入、管理带来了极大的便利。第二,在网络化的信息平台中,所有的媒体资源数据实现了统一管理,使得数据资源的共享成为可能,也大大提高了数据处理分析的能力。第三,通过构建共享的信息发布平台,打破了时空局限性,为媒体融合的可持续发展提供了保障。比如近几年来,江苏省把整合全省的广播电视传输网络,作为全省广电事业发展的重中之重。目标是搭建好四个平台,即节目平台、传输平台、监管平台和多元服务平台,建立一个技术先进、上下联通、安全传输、运行高效、

---

① 王长潇:《电视与新媒体融合发展模式探析》,《当代传播》2012年第2期。

利益共赢的全省统一的传输网络。逐步形成了以节目为龙头、以传输网络为纽带、以服务用户为根本、以利益兼顾为基础、以科技创新和体制、机制创新为动力,实现整体发展、共同繁荣、利益共赢、良性循环的广电发展新模式。

另一方面,像 Google、百度、QQ、360、淘宝等网站,它们并不创造内容,却日益成为人们越来越依赖的,能够获取信息、进行人际传播和生活购物的平台,而且用户规模和黏性日益上升。而传统电视频道、栏目与垄断性播出渠道捆绑,它虽然也是平台,但只是单向传播的内容平台。随着智能搜索、个性化推送、定制服务的广泛开展,传统电视的"宣传平台"、"被动平台"、"客厅平台"将被新媒体立体开放的"比特平台"、"互动平台"取代。在新媒体时代,播出平台不再稀缺,在生产社会化、内容供给汪洋化的背景下,传统电视媒体需要建立一个开放性的、全方位、多渠道发布的媒体内容集成运营平台。网络化的信息平台建设是一个循序渐进、不断完善的过程,要求其正确性、完整性、科学性、艺术性,这就要求在系统设计上采用多层结构技术,使用先进的系统平台,从而保证建成的网络化信息平台具有良好的稳定性、开放性、互动性、安全性和可扩充性。

二、内容生产的定制化

目前,传统电视媒体掌握着海量的内容资源,但是缺乏针对新媒体受众的市场研究和特色内容的开发,大多数视频网站的内容只是电视内容的简单平移。[①] 而以 IPTV、网络电视、手机电视为代表的视听新媒体,媒体形态与传统电视媒体大为不同,受众群体和传播方式的差异化决定了内容需求的个性化。构建完整网络化产业链的重要一步,就是要在定制推送中强化传播的服务功能。视听新媒体的互动性优势表现在点播和定

---

① 黎斌、邢静:《广播电视:电视媒体与网络媒体发展前瞻》,《网络传播》2009 年第 12 期。

制两个方面,其中定制又包括两种形态:一种是消费者不参与内容生产,由媒体按用户需求提供组合和编排后的内容产品,比如数字电视频道,节目、资讯的按需打包消费;另一种则是消费者将自己的需求与概念提交给媒体,与媒体共同完成内容产品的生产,比如目前的一些实验性互动电视剧的剧情设计、选秀竞技节目的意见表达等。[1]

电视媒体在融合发展过程中,要针对视听新媒体形态和用户进行差异化、个性化和定制化的内容生产,进行"窄播"。以微软全国有线广播电视公司(MSNBC)为例,MSNBC的每个受众享受的都是站点为其专门定制的内容和服务。用户首次登录时可以通过勾选自己偏好的内容类型来定制属于自己的个性化界面。并且,受众还可以根据自己的阅读习惯,自由调整各个新闻频道在首页上的位置,使阅读更加方便。与此同时,MSNBC网站能够通过用户勾选的兴趣信息了解用户的偏好,从而将用户选定的内容更新情况通过 E-mail 自动推荐给用户,这样,每个受众享受的都是站点为其专门定制的内容和服务。

在内容制作阶段,突破传统电视内容与视听新媒体内容各自为政的生产方式,按照全媒体生产的规律对生产流程进行重新切分,在内容制作部分,形成不同媒介形态内容制作的明确分工。在推进电视节目在视听新媒体平台上发布的过程中,应将视听新媒体互动性、开放性的因素充分考虑进去,注重受众在不同媒介接触时的不同心理诉求。在从事影视剧、动画片、纪录片、文艺晚会和音乐节目制作时,基于跨平台创作思维,实现台、网、手机的三屏合一。比如,在进行节目制作时,要结合不同的受众群体需求,根据不同媒体介质的特点和终端展现方式,开发制作成长短不一、风格各异的视听产品,在不同终端展现。[2] 以手机电视为例,由于手

---

[1] 曾祥敏、孙羽:《论媒介融合背景下的电视内容产品生产与集成》,《电视研究》2010 年第4期。
[2] 《从粗放编排向差异化制作转型》,中央电视台,http://www.cctv.com/cctvsurvey/special/q/20110913/114085.shtml.

机用户具有随时随地上网的特点,作为内容提供商的电视媒体可以针对手机屏幕小、观看时间碎片化的特点批量生产 5 分钟以内的短视频。这样,通过注重细分市场的整合策略,调整定位目标用户,形成错位竞争,促进新旧媒介的有效整合。

三、生产资源的数据化

若要实现媒体融合层面上可持续发展的信息共享,必须解决生产资源的数据化问题。在媒体资产管理系统的应用中,电视节目的数据化存储是一个关键。生产资源的数据化就是将音视频以数据的方式转换为文件形式进行存储和利用的过程,如现在广泛使用的非线性编辑系统、硬盘播出系统等。传统电视媒体通过生产资源的数据化,可以更好地利用网络平台支持共享,这是原有的传统视频系统所不具备的。通过资源的数据化,也可以支持更大容量的自动化存储以及更有效地查询和获取手段,从而实现通过更多可用性方面的措施来支持媒体资源的资产化操作。[1]

在以往传统的电视节目生产中,系统简单,成本较低,电视节目主要依靠录像磁带进行记录和存储,制作手段相对较少。而数字系统虽然复杂且成本较高,但数据化的节目存储具有可靠性和可恢复性,制作手段也相对丰富,可以高质量地存储图像和声音,在节目传输、复制时也能保证较高的保真度。提高制作效率是生产资源数据化的主要目标,以中央电视台为例,从 1995 年开始在台内实施数字化,到 2001 年底,以主控的数字化为标志,全面完成了台内技术系统的数字化改造工作,在摄、录、制、播、传等各个环节均采取了具有先进技术指标的数字设备,使节目总体质量达到了一个新水平。

近年来,媒体资产管理系统已经开始在电视台中应用。媒体资产管

---

[1] 宋宜纯:《中央电视台的数字化进程及其思考》,《现代电视技术》2003 年第 2 期。

理系统要解决的问题之一是如何利用计算机系统在数据处理和管理等方面的技术优势,来实现电视节目管理和应用之间的无缝对接。例如,对于节目的查找和使用,不仅要实现查找结果和使用对象之间准确的对应关系,保证过程是连贯的甚至实时的,还要实现节目资源使用的可共享性等。① 在媒体资产管理系统中需要使用基于数据化文件的存储方式,而对于这样的要求,生产资源的数据化势在必行。

四、传播渠道的多终端化

手机电视、IPTV、移动电视等由于其终端的不同,用户使用或接触场景的不同,各终端对内容需求也是相异的。手机用户的收视时段较为分散和碎片化,由于注意力不集中,手机视频内容主要是满足用户随时随地获取所需资讯,或者是行进中的消遣娱乐,像新闻资讯类视频、原创搞笑类视频在手机视频中拥有相当广阔的市场。以中央电视台为例,央视建设了"CCTV 手机视频节目生产基地",全球 iPhone 手机用户可以通过 iPhone 的手机平台下载 CNTV 的客户端,央视也同时成立了专门的内容制作团队,自行研发在苹果 iPad 终端上浏览的自有产品。②

而 IPTV 则延伸了传统电视的功能,使电视不再只是一个播放电视信号的媒介,而是一个能够满足受众多种需求的平台。用户可以通过 IPTV 搜索新闻、网上购物,通过电视开展远程聊天,或者将电视变成游戏的主场,因此,IPTV 的内容应当具有更多的增值服务性。例如上海文广百视通 IPTV,除了提供影视剧、新闻视频、娱乐视频、体育视频外,还提供如财经、气象、旅游等服务类信息。此外,百视通 IPTV 还不断推出新形态,如阳光政务、教育产品、网上银行等服务,使 IPTV 的增值服务功能不

---

① 袁辉:《电视节目存储数据化应考虑的几个问题》,《广播与电视技术》2003 年第 5 期。
② 黎斌:《电视融合变革:新媒体时代传统电视的转型之路》,中国国际广播出版社 2011 年版,第 131 页。

断提升。在移动电视方面,央视移动电视为全国30多个城市的5万多辆公交车提供内容,并将延伸至火车、飞机、地铁、楼宇等公共视听新媒体领域。

  多终端的内容发布渠道构成了全天候无缝覆盖的传播网络。未来传播渠道融合的目标之一就是要实现电视媒体和视听新媒体之间的互联互通,着力打通适宜于地铁、公交、户外、楼宇等各种终端的传播渠道,挖掘潜在的网络用户,同时引导传统电视用户接触电视新媒体,保证电视媒体的全面畅通。在三网融合真正实现后,无所不能的终端和无处不在的网络使未来电视可以达到对用户全天无缝隙覆盖。通过多种终端,利用电视、手机、网络等多渠道进行信息分发,使得同一内容不同形式的信息产品能够沿着各自既定的渠道运行,从而保证一件信息产品的复次、多介质、全方位传播。①

第二节 推进网络化电视产业体制创新

  当前,我国电视媒体与视听新媒体融合发展加快了新的电视产业体制的产生,这种新的体制不仅能决定电视系统内的资源配置,影响电视产业生产力的发展,而且还能推进媒体融合发展、消解产业边界、凸显产业功能、构建完整产业链以及创造多元化收入渠道等。而旧的电视产业体制则存在市场主体缺失、竞争机制僵化、经营模式落后、盈利模式单一等弊端,针对以上问题,完善网络化电视产业体制创新势在必行。

  一是经营体制的创新。网络化和数字化将完全改变传统电视的产业格局,从而形成包括节目制作、播出、传输、接收终端整个产业链设备及运

---

① 栾轶梅:《融媒体时代新闻生产的流程再造》,《视听界》2010年第1期。

营在内的更大市场。其产业经营模式也会随着技术的升级而改变，节目付费、内容付费等综合信息平台运营（数据库营销）将成为主要发展模式，创造多元化收入的渠道会越来越丰富，这将是对传统电视以广告为主导盈利模式的颠覆。同时新的业务类型必然要求新的市场运作和商业经营模式，这也会在更大范围内改变传统电视产业的经营体制和市场格局。

二是传输体制的创新。网络化要求产业经营主体必须建立统一的传输网络或者给予兼容标准可以平滑过渡的"融合网"，同时要求建立开放、竞争的市场体系，这必然打破原来传统电视产业阶段小而全、散而乱的格局。为了实现新的传输目标，网络传输必然整合无线传输、有线传输、卫星传输等传输方式，从而调整传统电视产业的传输体制，比如传输标准的变更、传输网的改造与整合、传输网管理模式的变革等。

三是制播体制的创新。制播体制是传统电视产业分工体制的核心部分，在制播一体化的统领下，采集、制作、传输、播出等环节都由电视台完成，这是一种前厂后店、"小而全"的封闭式生产方式，与现代产业专业化、集约化、规模化要求相去甚远。而制播分离体制的强化与创新，有助于构建网络化电视产业链，有利于电视产业管理价值更具市场化，管理结构更倾向现代产业体制。

四是投融资体制的创新。目前我国电视产业领域的投融资政策一直不稳定，虽然国家鼓励国内外社会资本以及有保留地允许国外资本进入除新闻节目之外的制作领域，但对广电主体及传播平台则实行严格控制。所以广电自身新媒体业务的发展经费基本依靠自有资金解决，资金短缺使得新媒体业务发展相对缓慢。[1]目前，建立多元化开放的投融资机制，扩大资本进入的领域，吸纳大量的社会资本和国外资本，已经成为推进我国电视产业融资渠道健康发展的必然选择。

---

[1] 参见石长顺、石永军：《融合与突破：对广电业发展趋势的一种解读》，《中国广播电视学刊》2007年3期。

五是管理体制的创新。电视产业现行的管理体制是"宣传工作、事业建设和行业管理三位一体",这是在计划经济时代和政治挂帅年代中逐步形成的,其价值取向呈现出强烈的宣传色彩和集权思想,制播一体就是这种价值取向的必然产物。但是,随着我国市场经济的发展,传媒融合趋势的加快,产业边界开始消融,新的产业管理体制呼之欲出,主要体现在管理组织结构以及职能的转变上。就我国电视管理组织和职能而言,由于网络化、产业化和市场化的不断深入,管理的对象已不是单一的宣传机构,而是众多兼具产业功能的商业性文化组织,其管理职能也必须随之转变和创新,转变的方向是由行政化手段向市场化手段转变,由审批式管理向法制化管理转变,从而实现由"直接办文化"向"科学管文化"转变。①

从分析中不难看出,三网融合推进传统电视与视听新媒体融合发展是内外浸透式的,包括媒体环境(政治、经济、文化)及媒体自身环境等各个方面。因为现阶段的"三网融合"并不意味着电信网、互联网和广播电视网三大网络的物理合一,而是指高层业务应用的融合。其表现为技术上趋向一致,网络上可以互联互通,业务上互相渗透和交叉,应用上趋向使用统一的 IP 协议,在经营上体现互相竞争与合作,在行业管制和政策上逐渐趋向统一。

因此,既要看到其外因的影响,如竞争环境的变化、市场需求的升级、产业链条的调整等,也要关注其内因的催化,如网络技术的革新、发展路径的取舍、媒介制度的变迁、传播内容生产流程的再造等。这也造成传统电视与视听新媒体的融合发展内涵不仅包括物理技术层面的媒介融合,也包括了信息内容、产业链、政策规制等的融合。两者的融合发展不是简单的终端扩张,也不是纯粹的网点联结,更不是注册域名建个网站。

当面对 Web 电视、手机电视、IPTV、数字电视、移动电视等视听新媒

---

① 参见易绍华:《电视的活路——数字化背景下电视媒体的网络化生存研究》,厦门大学出版社 2010 年版,第 273—276 页。

体快速发展的时候,传统电视与视听新媒体融合发展已经成为一种必然,积极探索与建构其可持续发展模式的进程,就是对传统电视媒体自身传播手段、渠道、内容以及体制产业、盈利模式不断完善、创新、优化的过程。而在推进从传统发展模式转换到与视听新媒体融合发展模式的探讨中,如何构建可持续发展模式成为了两者融合发展是否成功的一个重要因素。

第八章　电视媒体融合视听新媒体的可持续发展原则及模式

可持续发展是指在发展经济的同时,充分考虑环境、资源和生态的承受能力,保持人与自然的和谐发展,实现自然资源的永续利用,实现社会的永续发展。中国电视媒体行业在经历了多年的高速发展之后,正面对日益激烈的新媒体竞争,进入了一个全新的发展阶段。按照科学发展观的理论精髓,可持续发展原则与模式应当是主导未来中国电视媒体各项政策改革及制度建设的主要基点。

第一节　电视媒体融合视听新媒体的可持续发展原则

借用可持续发展信息共享概念,这里提到的可持续发展是指在电视媒体融合视听新媒体的过程中,在统一的机制、规则规范下,以统一的标准,通过计算机网络形成集中和分布式系统相结合的共享体系,实现信息的相互自由传递以及信息的无偿和有偿共享。① 因此,建立公平的合作伙伴关系,推进国际间的广泛沟通与合作,确保资源的共有共享,确保媒

---

① 孙成永、王启明、张建中、池天河:《中国可持续发展信息共享的理论与实践》,《资源科学》2001年第1期。

介环境、生态的平衡协调,以及如何确保可持续发展中的公平性、共同性、持续性、需求性原则是电视媒体融合视听新媒体可持续发展的关键所在。

一、公平性——保证电视媒体融合视听新媒体发展的公平性

可持续发展观中的公平性原则是指同代人之间的公平、代际间的公平和资源分配与利用的公平。它既包括同代内一个地区的发展不应以损害其他地区的发展为代价,也包括代际间的既满足当代人的需要,又不损害后代的发展能力。该原则认为人类各代都处在同一生存空间,他们对这一空间中的自然资源和社会财富拥有同等享用权和生存权。从可持续发展的理论内涵来看,在电视媒体与视听新媒体互融互通的诸多环节上,都要保证电视媒体发展与视听新媒体发展过程中的公平性,主要体现在以下三个方面:

一是横向公平性,主要是指同一媒介环境下,电视媒体之间、视听新媒体之间以及电视媒体与视听新媒体之间的均衡发展,即一个行业的发展不应以损害其他行业的发展为代价。从湖南卫视、上海文广、凤凰卫视这三家地方电视媒体的网络新媒体发展来看,他们的新媒体发展之路也是紧紧依托于母体电视台而存在的。比如凤凰新媒体前身是 1998 年成立的凤凰网,芒果 TV 也是由湖南卫视新媒体金鹰网旗下的网络电视台发展而来。二是纵向公平性,主要是指不同历史发展时期中,电视媒体与视听新媒体融合的整体均衡发展,既要满足当下环境中媒介发展的需要,又不能损害未来媒介的发展能力。比如中央电视台除了与内部网站进行捆绑联动之外,还在发展中不断探索与外部网站的多元化战略合作,组建了全国最大规模的"全国网络视频联盟",充分利用互联网全面带动央视节目的传播力和影响力。三是资源分配与利用的公平,主要指对有限的视频内容资源、传播渠道资源以及有限的受众需求资源的共享,电视媒体和视听新媒体都拥有相对同等的资源使用权。例如中国网络电视台

(CNTV)充分依托其母体中央电视台庞大的视频资源,深度挖掘了40万小时的历史库存节目,整合集纳了中央电视台所有22个开路电视频道、41个上星地方卫视,以及两路数字电视频道的高、标清网络视频直播业务,日均新节目制作量达到了500小时。

  保障媒体融合中的公平性,首先要构建起一套较为完善的法律体系,协调不同媒体行业之间的法律关系。在媒体融合环境下,以往那种分行业、分部门、分别立法的模式已经不能适应新的发展需要。例如不仅要制定相关法律条款以降低电信行业的竞争门槛,打破行业壁垒,也要为电信和广电的互相进入提供相应的法律支持,使业务监管做到有法可依。此外也必须明确管理职责,在符合正确意识形态的基础上适当放开广电领域,从而在法律法规的层面打破进入市场的壁垒,促进市场有序竞争。其次,要成立独立的监管机构进行统一、协调监管。在我国,广电网、互联网和电信网分属于不同的行业,都属于分行业监管的范畴,其中广电网作为宣传部门,由国家广播电影电视总局管理,而互联网和电信网则由工业和信息化部管理。广电网、互联网和电信网各自为政的模式容易限制媒体融合中部分业务领域的拓展,不利于行业的持续发展。因此,使广电网、互联网和电信网能够在同一信息平台系统上传输内容并提供服务,是电视媒体融合视听新媒体的必由之路。对此,监管机构监管的职责范围要有明确的法律授权,管理的范围应该涉及广电网、互联网、电信网之间业务融合的交叉领域,使其都能依照法律行使自己的监管职能。

二、共同性——协调电视媒体与视听新媒体的共同发展

  虽然在具体操作中,可持续发展的模式各有不同,但在追求公平性和可持续性的发展要求和发展方向上却是共同的。只有全媒体行业共同努力,才能协调各方利益,实现媒体融合中可持续发展的目标,进而实现电视媒体与视听新媒体的共同发展。媒体融合是一个双向共享的过程,媒

体融合发展的整体性和传统媒体与新媒体的相互依存性决定了必须协调电视媒体与视听新媒体的共同发展。

一是信息内容共享。在我国,媒体除了发布信息之外,还担负着社会舆论引导和宣传窗口的责任和义务,一些重大事件和政策,通过传统媒体和新媒体的独自和集中报道,使得信息传播和宣传效应达到最大化,体现出媒体的社会价值。例如在南非世界杯期间,CNTV 与酷 6 网合作,摆出了中央电视台电视直播、中国网络电视台网络直播、合作伙伴的网络直播三大阵势,形成了强大的报道力量,全面提升了中央电视台在网络领域的传播影响力,实现了传播效果的最大化。

二是传播渠道共享。传统媒体具有成熟的行业规范和品牌优势以及丰富的内容价值优势,这恰巧是视听新媒体发展中极为需要的。而新媒体具有迅速、信息量大和交互式传播的竞争力,这又恰巧是电视媒体所缺乏的。一方面传统电视媒体可以为视听新媒体提供内容资源,另一方面电视媒体也可以通过新媒体的传播渠道扩展其发展空间。电视媒体与视听新媒体在融合发展中实现了优势整合与互补合作,例如国内视频分享网站 56.com 与香港无线电视台(TVB)合作创建的 tvb.56.com,是二者进行长期深度合作共同发展的产物。TVB 提供高质量的视频内容以丰富 56.com 的视频资源库,56.com 则利用其庞大的用户群效应进一步强化 TVB 在内地的品牌效应,从而实现双方共同的增值增效。无独有偶,以新浪视频、腾讯视频为代表的门户类视频网站,以及以 PPStream 为代表的视频直播类网站,也都与上海文广、凤凰卫视等内容提供商积极建立合作关系,形成优势互补,达到双效双赢。

三、持续性——维持电视媒体应对媒介环境动态变化的能力

在促进电视媒体的融合发展进程中,在满足电视媒体发展需要的同时也必须有相应的管理制约因素,还要充分考虑媒介环境的影响。持续

性原则的核心在于人类的经济和社会发展不能超过资源与环境的实际承载能力,从而真正将人类的当前利益与长远利益有机结合。因此,持续性是电视媒体融合视听新媒体实现可持续发展的关键和重中之重。

一方面,要做好媒体资源库的更新与维护。随着各种传播渠道对视频内容需求的持续性增长,做好视频资源库的更新与维护工作显得尤为重要。以光线传媒为例,其发展的定位就是"中国最大的多媒体视频内容提供商和运营商"。光线传媒聚焦娱乐领域,见证了中国娱乐界的风云变幻,成为影视音乐作品、明星和娱乐事件首选的信息传播平台。光线凭借其国内最大的娱乐视频资料库,在三网融合和视频数字化时代,为光线内容经营提供了广阔的空间,也成为各级电视台的首选合作伙伴。[1] 中央电视台也在大力推进包括现有的音像资料库、视频发稿中心和国家网络电视台视频生产基地的建设,通过打造三库互通乃至三库合一的立体传播平台,以应对各种传播渠道对视频内容需求的持续性增长。

另一方面,电视媒体与视听新媒体的融合发展要紧随媒介环境的动态发展步伐,这也是其保持持续性至关重要的一点。视听新媒体是媒介发展历程中呈现出来的一种最新形态,是区别于报纸、杂志、广播、电视等传统媒体的、具有交互性和时效性、海量性和共享性、全天候与全覆盖等特征的一种崭新的媒体样式。[2] 它会依据媒介环境的变化呈现出阶段性的特征,但就其发展过程而言,这些具有表征性的特征也是动态的、不断发展变化的。所以电视媒体在与视听新媒体进行融合发展的过程中,也要根据经济、政策、社会的发展以及媒介环境的变化相应地调整发展策略。与此同时,面对技术的更新换代和市场需求的不断变化,媒体融合发展之路也要做好相应准备。例如 CNN 无疑是适应时代发展在电视领域进行媒体融合的先行者之一,其媒体融合举措可谓与时俱进,不仅率先在

---

[1] 光线传媒简介:E视网,http://www.ewang.com/aboutenlight/index.html?id=1.
[2] 崔坤艳、李茂民:《三网融合背景下新媒体与传统媒体依存度分析》,《今传媒》2011年第10期。

电视界开展与网络的融合,积极致力于网络建设、移动视频及其他数字化服务,还在重要事件或重要时机抓住机会与新媒体合作。具体来看,CNN 的媒体融合战略主要体现在三个方面:一是通过线上互动、电视网播出以及线下服务相结合的"三点多面"的方式全面铺设传播网;二是实施科技先导战略,积极与新媒体及新技术结合,占领新媒体制高点。三是实施跨平台销售,实现盈利的可持续发展。①

四、需求性——满足日益增长的电视媒体受众需求

电视媒体融合视听新媒体的可持续发展之路,需要以"以人为本"的可持续发展价值观为中心,从需求性原则出发,贯彻"以用户为中心"的传播理念,积极推进和使用新技术,力求发挥出新媒体交互性特色的最大功效。随着媒介终端发展的多元化,个体的媒介使用行为也普遍趋向碎片化,受众大多按照自己的需求来使用视听新媒体,他们的收看时间和收看方式的安排往往是分散化的、即时性的,内容需求也是极其个性化的,以往传统电视媒体那种一对多的传播模式显然难以满足这一崭新的市场需求。② 网络用户与传统媒体受众的最大不同在于,新媒体受众不再是被动地接受信息,而是成为了主动的媒体消费者。因此,在受众本位的传播理念下,电视媒体也要根据受众需要进行信息个性化定制并逐步强化新媒体传播领域的服务功能。

(1)信息个性化定制。随着多样化媒介形态的出现,用户的网络行为特征也日趋多样化和复杂化。然而大多数的电视媒体开展网络视频业务还依旧停留在简单的视频分享、直播业务上,缺少明确的差异化经营理念,更不要提针对细分化受众的个性化定制了。在"用户自有服务"的网

---

① 黎斌:《电视融合变革:新媒体时代传统电视的转型之路》,中国国际广播出版社 2011 年版,第 65 页。
② 黎斌:《传统电视与新媒体融合发展的转型战略分析》,《电视研究》2011 年第 5 期。

络时代,网民拥有更大的自由度来选择丰富的广播电视节目,如新兴的视频分享,RSS(简易聚合)节目单能让网民在线自行订购喜爱的电视节目信息,通过与受众互动的网络功能,还能制作深度节目。音视频传播的差异性应该体现在点播技术和直播技术的融合、社区互动业务的情感诉求、内容的实效性和更新速度的需求等方面。[①]

(2)提供多元化用户服务。从用户市场看,网民对于视频的需求与消费结构呈现出了多元化特点。在用户多元化的需求下,电视媒体不再仅仅是内容生产者,而应当向集点播、录制、回看、搜索、关联、链接、关注、跟踪、评论、推荐等新型收看方式于一身的综合性生活服务平台转变。如上海文广的IPTV"百视通",在打造视频内容的基础上提供了包括视频通话、电视购物、电视支付、娱乐等多元化的互动应用,原来的电视"观众"也随之变为了电视"用户"。而央视网推出的客户端CCTV BOX,便可帮助用户方便快捷地同步直播、点播中央电视台各频道的各个节目,同时浏览央视网的全部内容,用户的反馈可以直接通过客户端收集。无论是央视网的便捷点播,还是上海文广的互动服务,电视与新媒体的资源重组都通过用户与用户之间的交流分享实现内容的增值,扩大了内容服务体系。

在新的媒介技术条件下,媒介融合将进一步使得传播内容的生产出现更细致的分化,以满足受众个性化的需求。例如对同一新闻事件的报道,可以先用最快的速度和最简洁的语言从互联网或无线短信中发出,以满足部分生活节奏快而只需了解事实梗概的年轻人和上班族,然后将载有对新闻事件及相关背景详细介绍的报道见诸报端,这也许是时间较为充裕而对事件的经过有浓厚兴趣的中老年读者的最好选择[②]。因此,传统电视媒体应当构建以个体用户为中心的信息整合方式,以便满足用户

---

① 张磊:《网络视频将呈现三大趋势》,《中国消费者报》2008年1月9日。
② 梁岩:《从技术、管制与受众角度看媒介融合的发展趋势》,《新闻与写作》2009年第11期。

日益增长的对新闻专业性与个性化的需求。只有以受众为传播的中心,重视用户的需求关注,才能提高受众的满意度和忠诚度。

第二节 电视媒体融合视听新媒体的可持续发展模式

传统电视与视听新媒体存在诸多差异,要想真正实现全方位融合,就需要建立以数据库为核心的发展模式。当前,对数据库的开发、建设及应用已经成为两者融合发展模式的核心基础和最新形态。未来,两者融合发展的基础不再仅仅是节目内容、聚合渠道、优化路径、多媒体终端建设等,而是建构"全能数据库"。[1] 其中资源数据库和消费者数据库两个子系统的建设成为重中之重。

一、资源数据库

电视媒体融合视听新媒体的过程就是对不同行业的信息传输平台和网络系统进行整合的过程,这就要求构建一个完整的媒体资源数据库,这也是实现媒体融合层面上的可持续发展信息共享所必需的第一步。以资源数据库为核心,实现内容资源整合,新闻内容信息可以"一次生产,多次出版、多渠道发布"。通过整合利用电视台资源和品牌优势,开发利用社会资源,搭建网络平台、数据平台、移动平台、商务平台,完成全媒体、全覆盖两项战略任务。以深圳广电集团为例,深圳广电集团在全媒体发展的战略布局中采取了"三步走"战略:第一步,电视+广播+移动电视+LED大屏;第二步,车体广告+站台广告+楼宇 LED;第三步,网络+报纸+手持电视。作为全国首家一站式全媒体资源供应商,深圳广电集团的目

---

[1] 王长潇:《电视与新媒体融合发展模式探析》,《当代传播》2012 年第 2 期。

标是汇聚强势媒体资源,迅速提升媒体平台,洞察媒介发展变局,满足客户多变需求,力图实现媒体资源全覆盖,实现深圳广电集团全媒体战略的"聚变"。①

可持续发展信息的关键在于信息共享的标准化、规范化,所以在一个资源数据库的构建过程中,要实现其资源共享的主要功能,首先要建立共享的政策与机制。建立资源共享的机制和管理办法是实现可持续发展信息共享的前提,也是保障包括共享行为、经济和社会效益以及法规因素在内的可持续发展信息共享的基础,更是实现可持续发展信息共享的主要途径。另外,还要建立起资源库系统之间共同的数据规范和标准,制定完整的、统一的、普遍接受的标准和规范。构建一个完整的多媒体资源库,能够保障电视台内部对于视频资源内容的存储、复制功能的实施。这样的资源数据库不仅支持传统电视媒体完成多媒体数据加工的业务,完善视频资源库的交互服务能力及专业化服务手段,而且能够全面提升智能化及自助式个性化的服务能力等。

资源数据库能够实现内容资源的统一策划、采集和生产,即树立"大编辑部意识",并逐步建立起资源共享的信息处理平台。新媒体格局呈现之初,就视频内容而言,传统电视媒体和新媒体各自为政,即便隶属于同一个部门,内容生产也是单独进行,造成了极大的资源浪费。就国内而言,中央电视台走在了国内传统电视内容生产分发平台建设的前列。从2006年开始,中央电视台先后取得了网络视听节目服务、手机内容服务业务、公共视听载体业务、IPTV、互联网电视等经营牌照,加之其享有的自主采编权,从而形成了中央电视台实现融合视听新媒体发展的独特优势。中央电视台目前正在推进包括现有的音像资料馆、正在建设中的视频发稿中心和国家网络电视台生产基地三个视频库建设。在台网融合战

---

① 深圳广播电影电视集团:《深圳广电集团全媒体资源解析》,《市场观察》2012年第2期。

略实践中,力求考虑到实现音像资料馆、视频发稿中心、网络电视台视频生产基地三库互通,甚至三库合一的格局,打造多终端、多渠道、跨平台立体传播资源基础,通过数字化存储和网络传输,一方面满足全台各个部门对资源共享共用的需要,避免视频节目的重复采编制作或闲置浪费,另一方面极大地满足了国内外市场和用户需求,实现商业价值。[①]

二、消费者数据库

消费者数据库在一些商业销售行业的应用已经较为普遍,这些企业拥有配套的软硬件以及相对成熟的管理服务体制,纷纷通过消费者数据库的信息来打造属于企业自身的品牌核心价值。而对电视媒体来说,消费者数据库似乎还是一个新鲜事物,目前有关电视媒体"消费者"的数据也基本上被AC—尼尔森等外方公司所掌控。因此,构建一个属于电视媒体自身的消费者数据库势在必行。

一是要完善长年积累的观众数据以及正在拓展的新媒体用户数据。消费者数据主要由静态数据和动态数据组成:静态数据是基本数据,指读者或用户的年龄、性别、受教育程度、家庭住址等信息;动态数据是指电视观众或用户用手中的遥控器做出的选择,即受众与媒体之间的互动数据,也就是用户的反馈信息等。构建了消费者数据库之后,就可以对传播对象进行跟踪分析,促进传播效果的积累,在竞争中处于有利地位。媒体搞清楚了用户是谁,需要什么,才能提供相应内容。通过整合和深入研究,把这些真正有用的数据沉淀下来,就会变成细分化的业务需求。从这个层面上来看,消费者数据库建设既是传统电视媒体业务拓展的需要,更是全媒体发展的需要。

---

① 参见"从分散制作向生产聚合转型",http://www.cctv.com/cctvsurvey/special/q/20110913/114084.shtml。

二是要建立以观众和客户需求为中心的数据库。掌握了用户数据，就可以做好目标营销，即要满足观众个性化需求。无论是实现传统电视转型还是建立多媒体产品加工中心，都需要建立一个全方位、海量化、专业化的数据中心。从资源的采编、节目的播出以及应用服务等方面，统一汇总相关数据，然后按照年龄、学历、地域以及消费能力，分层次地将受众的需求分析出来，针对需求互动。将用户细分之后，就可以以电视媒体为支撑，把分众媒介形式融合起来，进行网络视频、IPTV、手机视频等延伸产品的分众推送，实现电视、网上、掌上覆盖的全面化，以保证推送的精确化。通过提供系列产品，满足用户各种需求，同时网络、手机等渠道也能帮助直接了解观众情况，用户的反馈直接指导内容生产，通过多种媒介综合满足用户需求、增强用户忠诚度。

电视媒体的品牌价值是消费群所赋予的，而要实现这一价值最直接的因素就是受众的满意度和忠诚度，这只有在与受众的交流互动中更好地了解顾客的需求之后才能实现。消费者数据库营销手段的出现无疑为电视媒体和视听新媒体提供了一个深度融合发展的契机，使得电视媒体与视听新媒体的营销组合策略更为合理。一个完整、权威、有效的消费者数据库，能够更好地为受众和用户提供针对性的服务，满足受众和用户的信息消费需求。

目前，中国广电媒体正在经历一场"被"新媒体重塑的革命性变革。我国应从国家战略的高度推进大广电战略，这是确保国家信息和文化安全，关系执政党命运、民族兴衰和国家长治久安的一个重大工程。研究媒介形态演变的学者罗杰·费德勒在《媒介形态变化：认识新媒介》一书中指出，媒体演变规律有五大特点："一是共存性：新媒体不会自发地、孤立地出现，而是从旧媒体形态中脱胎出来的。当比较新的媒体形态出现时，旧的媒体形态会去适应并继续进化，不是消亡。二是演进性：当一种新的媒体形态出现时，它会长年累月地、程度不同地影响其他一切现存媒体形态的发展。为了生存,新旧媒体都会去适应环境,并不断进化,否则只会被淘汰。三是汇聚性:各式各样的技术和媒介形态都会向同一处汇聚,最终形成多媒体传播新形态。四是增殖性:新的媒体形态除了具有自身特有的新的传播手段、传播特点之外,还将吸纳原有各种媒体形态的主要特点,并将这些特点延续和集成下来并以新的方式普及开来。五是延时性:新媒体并非仅仅因技术上的优势而被广泛使用,而是需要有刺激社会的、政治的和经济上的理由。"[1]而在实践领域,许多传统电视发展新媒体的路径还停留在"台网联动"的层面,没有将新媒体从附属业务的定位中转变出来。随着网络视频化的趋势日益明显,传统电视必须认识到视听新媒体是媒介发展格局中的大势,传统媒体必须尊重新媒体时代的信息传播与服务规律并进行改革创新。

---

[1] 参见〔美〕罗杰·费德勒著,明安香译:《媒介形态变化:认识新媒介》,华夏出版社2000年版,第34页。

下编　媒体延伸
——多维视野中的视听新媒体的新发展

随着摄影摄像技术的发展与普及，个人拍摄照片、制作动态影像的门槛越来越低。而技术的发展一方面提升了人们制作影像讯息的便利性，另一方面还在保证易用性的基础上赋予了影像制作更加专业化的功能。尤其是数字单反及高清DV的大众化，使社会个体具备了接近大众媒体专业影像生产的等效能力，借助网络等现代通讯技术下的传播渠道，本来作为受众的个体也有能力和机会将自己制作的影像作品传播开来。可以预见的是，伴随着网络通讯技术的进一步发展，在影像制作及其传播流程中，还将为社会个体的参与、制作与传播提供更大的推动力和便利性，媒体的延伸也将向着进一步的广度、深度和高度拓展。

第九章　播客自媒体的新发展

　　web2.0 技术促动了播客的快速发展,在播客的传播平台上,受众不仅得到了参与内容制作的机会,获得了与人分享的权利,而且延续了网络舆论互动的自由,拥有了影像传播的话语空间,以此使得播客的社会影响力与日俱增。在人类不断追求传播自由的进程中,BBS 为匿名的网民提供了一个自由言论的场域,博客则开启了一个由个人空间向公共领域辐射的通道,当人们欣喜地享用着文字和图片自由传播的网络舆论空间时,很长一段时间内动态影像依然被排斥在网络自由传播范围之外。播客的出现,悄然打开了网络影像自由传播的大门。

第一节　播客自媒体发展的社会语境及影响力

　　播客的诞生恰逢网络宽带加速、web2.0 技术平台趋于成熟、流媒体技术不断完善、影音终端高度普及,这些网络技术的综合提升为日后播客的快速发展奠定了良好的物质基础,而播客先驱者们勇于探究的社会实践也使其一步到位地发展到了自媒体的传播高度。

一、从音频播客到视频播客的嬗变

从 2005 年上半年起,国内个人音频播客已初具规模,音频播客一般以个人电台的形式出现,众多的音频播客依托各种网站组成了网络联盟,其中具有代表性的音频播客当属"反波"。2005 年 4 月 16 日,"反波"推出第一期节目《听平客讲段子》,曾经有 17 年电台主持经验的"平客"担任主播,曾做过记者的博客人"飞猪"负责音频后期制作,志同道合的"平客"和"飞猪"不定期地上传节目[1]。两位制作者认为"反波"既是反传统电台,又是以其独特的有声语言和传播形式来讽刺传统广播的一些做法,"我们反对的是传统电台里的套话和固有模式,我们还要建设一个迥异于传统广播的新语言"[2]。"反波"早期的播客内容主要分为音乐、幽默、言论、时评等,其中《反波开播文艺晚会》调侃了春节联欢晚会多年不变的固有程序和惯用的套路,《听平客说段子:厕所》则用移花接木的幽默手法,讽刺了手机运营商的"霸王条款"。在开播不久的四个月中,"反波"就拥有了 30 万的点击量,后来的"反波"延续了音频播客的形式,以每周 2-3 期节目的速度更新播客,像以民间记者身份采访文化名人的"人民大会堂"系列;以短小精悍的文章进行时事点评的"新网络 60 秒"系列等音频播客获得了较大的社会反响,成为了音频播客的典型代表,在专业的传媒圈中也有较高的知名度。同期,另一个具有代表性的音频播客是胖大海的"有一说二"。胖大海在播客概念出现之前就已经录制了多个有别于传统广播电台的音频 Flash 作品,"有一说二"最鲜明的特点是追求单纯有声的评论,甚至不加音效、音乐等辅助元素,倡导"最敏感的话题,最辛辣的评论,最鲜明的风格,最独特的视角,最真实的声音"[3],其评论内容从娱

---

[1] 参见"反波",http://www.antiwave.net.
[2] 参见《关于"反波"的思考》,http://buchimifan.yculblog.com/post.874013.html.
[3] 参见"有一说二",http://yyse.lifepop.com.

乐新闻、论坛话题到素质教育、乱收费等社会问题无所不包。尽管诸多音频播客以犀利的评论闻名，但由于声音传播形式的局限性，均未引发全社会性的关注和影响，反而是视频播客的出现，触发了大众对这一新生事物的广泛关注和积极参与。典型的案例是 2005 年末，胡戈制作的《一个馒头引发的血案》犹如一根导火索引爆了视频播客。该视频播客以电影《无极》作为编辑素材，对《无极》电影故事和表现手法进行讽喻、挖苦和调侃，由此引发的巨大社会反响和版权法律争议，使得胡戈被称为中国视频播客的"元老"。

　　随后，各种风格类型迥异的视频播客陆续呈现在网络上，例如"后舍男孩"对口型演唱的视频播客，凭借其夸张的面部表情和肢体动作，吸引了众多的网民，成为网上一道独特的风景。而金玉米的"Danwei"视频播客通过外国人的视角记录观察中国的文化现象，不仅在 Youtube 上获得高点击率，而且受到国内网民的广泛关注。由于技术的屏障，早期视频播客的创作者主要由有媒体从业经历的人员构成，在传播技术和技巧上都有一定的专业性，大多沿袭了传统广播电视的传播形式，但在内容选择上则更为自由和个性化，许多选题往往是传统媒体不能涉及的敏感话题，语言形式也比传统媒体更趋向于轻松和口语化，影像表达更具夸张和自由。尤其是随着便携 DV、可录像拍照的手机、独立摄像头等音视频采集工具，以及非线性剪辑设备软件工具的普及，普通大众与专业的媒体从业人员之间的技术差距逐渐缩小。在采编设备的低成本化普及和不受传统媒体体制控制的社会语境下，普通大众不仅拥有了民间影像创作的空间和能力，而且在千百年来人们孜孜以求的"百闻不如一见"影像传播效果的促动下，视频播客无论在类型上还是数量上都远远超越了音频播客，并迅速成为播客的主流形式。

二、web2.0 技术促动了播客的快速发展

诞生初期的播客,作为一种流媒体技术与 RSS 技术相结合的新兴技术工具,其传播者与受众都必须具备较高的网络传播或媒体技术知识,正是 Web2.0 技术的应用使得播客从一种技术工具发展为一种大众传播现象。Web2.0 是相对 web1.0 模式提出的网络技术,其核心特征表现为:一是互联网平台化。大规模的服务器信息集合和数据库管理使终端用户从个人电脑平台上升到网络平台,网络媒体不再扮演传播者的角色,而仅仅起中介作用;二是增加用户价值。简化的网络编程和以用户体验为基础的服务和软件更新,增加了个人对网络的参与度,互联网开始利用参与者的智慧创造与传播信息内容;三是长尾传播。集成化的数据管理和 RSS 技术加大了去中心化的趋势,互联网大大降低了信息成本,将网络延伸到非中心化的信息内容,增加了其长尾传播的价值。其标志性的转机发生在 2005 年的 6 月,美国苹果公司首先宣布推出添加 podcasting 功能的 iTunes4.9,接着 Youtube 推出相关视频推荐、视频评论、通过邮件向好友推荐视频、视频转帖代码等四项功能,正是这些具备 web2.0 特征的技术一举改变了播客的命运。

在突破了宽带网速的局限和采用流媒体技术后,Web2.0 技术实现了传统媒体与网络媒体的无缝对接,以播客为代表的网络影像传播在改变了被传统媒体垄断的传播渠道的同时,也改变了其传播的内容和模式。一方面,技术跨越了由地理和政治框定的媒体范围,更多的跨国、跨地区的影像内容通过网络传播与共享。由此,已经具有"公共产品属性"的各种信息资源,其中也包括传统电视媒体的内容,以数字影像的模式被大量复制到网络上,通过网络实现了全球化的传播①。另一方面,Web2.0 技

---

① 《比特天生就是为了被拷贝》,《三联生活周刊》2007 年第 10 期。

术构建的开源共享的网络结构实现了用户增加价值的模式,共享型数据库的构建不同于以往付费数据库和开发源码数据库模式,它使任何用户均能主动地为数据库增添价值,以一种技术结构来取代用户的志愿者精神[①]。Web2.0 模式下的网络影像传播不仅集中于对传统媒体内容的复制,而且也为独立制片 DV 等原创影像提供了自由传播的渠道。播客的出现正是继承了 Web2.0 技术下传播渠道自由和共享模式,而且获得了与博客文字公共话语权相似的自由渠道发布的权力。不论从最初 Adam Curry 自办网站发布播客作品,还是到后来 Youtube、土豆网等分享视频网站实现批量与大规模的传播,都离不开共享型数据库与流媒体技术的简化,这种简化也使得越来越多的普通大众加入到了视频播客创作的队伍中来。由此,在 web2.0 的技术模式下,以视频网站为平台,个人上传视频为传播内容主体,用户参与式管理成为了播客的主流传播模式。

三、从独立的个人播客到播客网站传播平台

随着视频播客数量的增多,播客网站逐步取代独立的个人播客成为主流,而独立播客在个人网站之外也借助播客网站进行推广和传播。早期的精英播客试图构建独立的自媒体机构,尽管可能只有一到两人组成,但随着播客的快速发展,从选题、策划到制作、发布,形成了相对完整的媒体组织结构,成为和传统媒体相似的媒体组织形式,播客网站已经取代了独立的个人播客成为了一个网络视频的传播平台。像国外的 Youtube 和 itunes 等视频播客网站为大量的个人播客提供了一个卖场式的公共空间,这不仅降低了播客制作者的网络技术门槛,同时也减少了收看用户群体的关注成本。目前,国内各类视频播客网站有近 500 家,2005 年土豆、

---

① 参见 The Cornucopia of the Commons: How to get volunteer labor, Dan Bricklin, www.bricklin.com.

优酷、酷6、我乐网等获得风险投资,在Youtube的模式上加以改进,而偶偶网、Mofile等则在原网站的基础上发展成播客网站,到2006年,各大门户网站也开始将播客作为一个内容频道加以传播与推广。不同于早期的个人播客,目前播客网站上的内容按照制作方式可分为复制型播客和原创型播客。复制型播客通过数字化技术复制传统媒体的音频或视频内容,这让受众收看、收听传统媒体内容得到了时间和空间上的自由,也改变了传统媒体主导一切的传播方式,实现了在全球范围内对传统媒体内容的集纳和以个人需求为目标的点对点的二次传播。

虽然原创型个人播客借助播客网站获得了前所未有的发展,但在从个人播客运作模式向大众化播客网站共享运作模式的转化中,大多数原创型个人播客作者尚不能维持稳定的更新率,更多的只能参与到对传统媒体新闻事件延伸传播的群体性播客制作中。例如,在2006年世界杯意大利队与澳大利亚队比赛中黄健翔情绪失控的解说,比赛之后该段解说词迅速被网友改编戏仿成各种版本,像从网络论坛中的文字版,到播客的音频、Flash以及模仿视频等版本各有特点。这是国内播客第一次进行大规模的群体性播客创作,对比不同的版本,你会发现更加具有创意、制作精良的原创型播客频频出现,使"解说门"事件的影响进一步延伸扩大。作为播客网站的原始生命力量,原创型个人播客将成为草根平民参与媒体制作和舆论表达的重要形式,也是播客作为自媒体传播平台发展的主要方向。

四、播客成为自媒体的典型代表

网络媒体技术的发展,打破了传统媒体在时间和空间上的限制,赋予了普通大众表达社会舆论的工具和渠道,同时也提高了其媒体参与能力。随着博客、播客等网络传播形态社会影响力的逐渐增强,近年来自媒体这一概念被传媒研究者频繁使用。自媒体(we media)被认为是新闻媒体发展经历传统媒体(old media)、网络新媒体(new media)之后的又一种新媒体。根据维基百科的定义,自媒体是私人化、平民化、普泛化、自主化的传播者,以现代化、电子化的手段,向不特定的大多数或者特定的单个人传递规范性及非规范性信息的新媒体的总称。自媒体被认为是"参与式"新闻形式,个体或群体公民积极参与到新闻和信息的收集、报道、分析、宣传的过程中,参与的目的在于提供满足民主需求的独立的、可信赖的、准确的、大范围的相关信息[1]。在实践中,自媒体改变了传统媒体自上而下的传播方式,采取的是自下而上的,没有或很少有编辑监督或常规的新闻流程,信息产品在不断发展的或稍纵即逝的同步或分步的讨论中完成。传统媒体的新闻操作是"过滤－发布"式的,而自媒体是"发布－过滤"式的[2]。例如德拉吉通过博客首先公开了美国前总统克林顿的绯闻,这是自媒体走入人们视野的里程碑事件,而"9·11"事件和伦敦地铁爆炸案中的博客则进一步发挥了其自媒体的优势,比传统媒体更为即时详实地发布信息和提供互动性的评论。这些不可思议的自媒体事件的频频发生,不得不让人来回望保罗·萨弗曾提出的技术应用的30年法则:至少在过去的5个世纪里,新思想完全渗入一种文化所必需的时间数量一般约为30年。更多的新技术在同一时间出现,正是这些成熟技术的交叉冲击,创造出我们都感觉到的强力的加速[3]。

无疑,自媒体已经日趋成为一种重要的媒体形式,与传统媒体、新媒体共存,其特性吻合了web2.0的技术属性,低门槛的编程方式和互动性的交流模式一方面促进了信息的共享,另一方面也促进了自媒体向更广和更深的方向发展。播客正是在传播渠道和传播方式上沿袭了博客等自

---

[1] 〔美〕丹·吉摩尔著,陈建勋译:《草根媒体》,南京大学出版社2010年版,第9页。
[2] 参见 Clay Shirky, The Music Business and the Big Flip. Jan. 21,2003, *Networks, Economics, and Culture* mailing list.
[3] 〔美〕罗杰·费德勒著,明安香译:《媒介形态变化:认识新媒介》,华夏出版社2000年版,第6页。

媒体的传播特征,同时在内容形式上则将其丰富为影像和声音的复合体。与此同时,顺应多项网络技术和网络文化环境的共同发展,播客更是从一种技术工具成为一种自媒体的媒体形态。这主要体现在:一方面,播客以其去中心化的模式及影像数据库的构建与共享,极大扩展了受众的选择范围,并直接为受众提供了内容选择的自由,使影像成为受众可以随身、随时、随地观看的文化消费品;另一方面,播客在评论形式上沿袭了博客等互动舆论媒体模式,受众可以用文字的形式自由地对播客作品进行评论,或以链接、转载等形式进行自由传播。例如在 Youtube 上,影像对影像直接评论的形式已经崭露头角。继博客之后,播客成为了又一个舆论直接反馈的媒体传播平台。在播客的传播平台上,受众得到了内容、时空选择的自由,并延续了舆论互动的自由,同时获得了博客等草根舆论平台已经争取到了的社会话语空间的权力,以此使得播客成为自媒体的典型代表。播客从一项孤零零的网络新技术,迅速发展为流行前端的媒体形式,正好应验了保罗·萨弗提出的"强力的加速",这也代表着当代新媒体的发展方向。

五、播客的社会影响力使其成为被监管的对象

2006 年是视频播客网站快速发展之年,国内各种规模的视频播客网站从 2006 年初的 30 多家急速增长到目前的 500 多家,视频播客的内容和受众的快速增长吸引着大量的风险投资,整个行业蒸蒸日上。随着 2006 年 10 月 Youtube 被 Google 以 16.5 亿美元收购,视频播客的商业价值被市场肯定。国内呈现了土豆网、优酷网、酷 6 网、我乐网等多家播客网站竞争白热化的态势,十几家视频播客网站融资近亿美元。市场的繁荣、自由的竞争,让视频播客网站呈现出前所未有的繁荣景象。在日常庞大的影像信息处理中,播客网站专业化的信息筛选和推荐具有和新闻门户网站相似的功能。播客网站主页一般都按照视频内容类型划分为不同板块,如政治、娱乐、社会、科技等,由专业编辑每日在最新发布的新视频中推介内容。而在重大社会事件面前,播客在发动民间影像形成社会舆论方面也发挥了独特的作用。例如在 2008 年"5·12"大地震之后,各个视频播客网站均推出了祭奠遇难者的专题,有的以灾难现场和救援人员照片,搭配煽情的音乐制作了新闻幻灯片;有的大学、社团组织通过播客网站为遇难者举行烛光悼念,一时间大量草根播客以各种影像形式对死难者表达哀思,其影响力及感召力令人难以忘怀。

鉴于播客日益强势的社会影响力及商业价值,2007 年 12 月 29 日,国家广播电影电视总局和原信息产业部联合发布《互联网视听节目服务规定》,网络视频播客被主管部门纳入监管对象,限定了从事网络视频服务的公司和个人的《许可证》资格,政府监管和要求传播平台加强自律的力度增大。与国外播客网站 80% 的内容为原创内容不同,国内分享视频网站和视频播客网站的大部分内容是从传统媒体复制而来的,大量来自传统媒体的视频内容使播客网站遭遇了版权危机和知识产权保护的法律限制。例如土豆网因网友上传电影《疯狂的石头》成为第一个因版权问题被起诉的播客网站;北京奥运前夕,迅雷公司因非法提供火炬传递视频的播出和下载被央视国际告上法庭;《一个馒头引发的血案》也因其使用电影《无极》中的片段涉嫌版权问题。目前,商业版权成为了视频播客网站发展的一个瓶颈,政府政策的管理和限制也在左右着播客网站的发展方向。播客网站的未来将在版权规范、政府管理与民间力量等三方博弈的夹缝中求生存,求发展。

第二节　播客互文性文本符号构成及意义生成

互文性文本已经成为播客创作的主流表达形式之一,播客创作者借用传统媒体的影像文本作为新的文本载体,通过对这些影像文本符号的二度创作,完成了对互文性文本符号的重新排列与组合。而在互文性播客文本的再创作中对传统媒体的社会意义则进行了颠覆性的再造,进而实现了表达新的社会意义的目的。

一、播客互文性文本符号构成

作为一种全民都能参与的媒介形态,播客受到去中心化、体验性、分享性、草根性、去权威化等网络文化的影响,其创作者试图摆脱传统大众媒体已成定式的文本形式,在一个几乎不受限制的创作空间里,无论在信息内容还是文本形式上都获得了空前自由的表达。从目前播客的表达形式看,播客创作者一般借用传统大众媒体的影像文本作为新的文本载体,在对这些影像文本符号进行二度创作的基础上,形成互文性的播客文本,进而建构新的社会意义。按照欧美学者的一般共识,本文所指的"互文性"通常被用来指示两个或两个以上文本间发生的互文关系,它包括:(1)两个具体或特殊文本之间的关系(一般称为 transtexuality);(2)某一文本通过记忆、重复、修正,向其他文本产生的扩散性影响(一般称作 intertexuality)。其基本内涵是,每一个文本都是其他文本的镜子,每一文本都是对其他文本的吸收与转化,它们相互参照,彼此牵连,形成一个潜力无限的开放网络,以此构成文本过去、现在、将来的巨大开放体系和文学符号学的演变过程[①]。作为出身草根,成长于民间的播客,其文本形式被深深地打上了"互文性"的烙印,成为了播客传播的一个鲜明特征。

2007年底,网络社区西祠胡同的多名网友联合制作播出了2008播客贺岁片——《性命呼叫转移》。该播客以房地产商"黎叔"设计"谋害"钉子户"大胆"为故事线索,串联了2007年国内发生的各类新闻事件、热点

---

① 赵一凡:《欧美新学赏析》,中央编译出版社1996年版,第142页。

问题,以无厘头搞笑的方式对这些新闻事件、热点问题进行了"恶搞"式的另类评论和展示。播客一经推出迅速在各大视频分享网站转载,在土豆、优酷、酷6、新浪播客等主要视频网站均有10万到80万不等的点击量①。这里,我们之所以选择《性命呼叫转移》作为案例进行文本分析,基于以下几点考量:其一,该文本兼具了公民媒体新闻时评的社会功能和播客话语设置的草根性、娱乐性功能,是一个兼具大众媒体及公民媒体文本特征的综合体,在同类作品中具有代表性。其二,《性命呼叫转移》对比之前的网络"恶搞"作品,像《一个馒头引发的血案》、《中国足球队勇夺世界杯》、《春运帝国》等,已经拥有了更为成熟的叙事模式和话语风格,"恶搞"之外的社会舆论监督、时事评论、反思功能更为显著,具有"善搞"积极向上的一面。其三,通过对《性命呼叫转移》互文性文本、社会意义生成分析,有助于探讨作为公民媒体的播客所拥有的独特话语表达模式。鉴于此,下面用文字叙述的形式对《性命呼叫转移》互文性文本符号构成及其内在关系进行较为详细的描述,以表格图示:

大众媒体影像文本	播客叙事符号文本	社会新闻事实文本
《命运呼叫转移》视频片段	标题配乐:《性命呼叫转移》	2007年贺岁片《命运呼叫转移》全国上映
《东邪西毒》、《古惑仔系列》、《英雄本色》、《教父》视频片段	借PS过的影视剧照,配音讲解虚拟人物"黎叔"的传奇经历	2007年某些地方社会治安问题严重,黑社会性质的团伙犯罪猖獗
《不见不散》葛优画面	黑社会头头"黎叔"涉足房地产	2007年房地产业持续高速发展,危机四伏
《红番区》拆迁画面、歌曲Only you,重庆"钉子户"危楼图片	"黎叔"拆迁工作中遇到拒迁麻烦,虚拟钉子户"大胆"出场	2007年重庆发生"史上最牛钉子户"事件
《甲方乙方》葛优画面、中国移动广告葛优画面	"黎叔"开始找人"干掉"钉子户"大胆"	2007年城市拆迁中的各种矛盾、冲突日益激化

① 参见 http://you.video.sina.com.cn/b/8926571-1270492934.html.

续表

大众媒体影像文本	播客叙事符号文本	社会新闻事实文本
《无间道》刘德华画面,《越狱》、《疯狂的石头》视频片段	让职业杀手直接杀死"大胆",但杀手 michael 迷失在下水道中	2007年城市地下管道规划问题、城建问题层出不穷
《天下无贼》葛优等人物画面	把"大胆"变成"房奴""累"死他	2007年城市房价居高不下,房贷问题严重
滑稽录像《斗牛》、黄健翔解说股市改编版、《真实的谎言》骑马跳楼画面	让"大胆"进入股市"套"死他	2007年中国股市的跌宕起伏、散户被套,危机四伏
《天下无贼》视频片段、《卡拉是条狗》葛优画面、新闻联播、中国法制报道、《西游记》片段	让"大胆"吃猪肉,被物价"贵"死	2007年,全国猪肉及消费品价格持续上涨,物价问题突出
重庆电视台《第一次心动》节目片段	让"大胆"被女人"逼"死,被娱乐电视节目"无聊"死	2007年8月重庆电视台《第一次心动》被叫停,电视娱乐节目泛滥成灾
《开心辞典》、《幸运52》视频片段	让"大胆"被屡战屡败的中国足球队"气"死	2007年中国足球队被分在世界杯预选赛"死亡之组",男足惨败,足球问题严重
《电视购物》、《杨锦麟有报天天读》视频片段	让"大胆"被拥堵在路上的汽车"堵"死	2007年京城交通状况进一步恶化,堵车问题日益明显
《唐伯虎点秋香》片段、网络视频《高速路上小马六围堵大悍马》	让"大胆"在频繁发生的车祸中被"撞"死	2007年全国各类交通事故伤亡人数居高不下,交通问题严重
《夜宴》葛优片段《甲方乙方》片段	让"大胆"感冒看不起病"等"死或"病"死	2007年"天价医药费"居高不下,看病难日益突出
《甲方乙方》葛优画面《色戒》片段记者招待会片段	"黎叔"集结各路"幕僚"商议如何才能干掉"大胆"	名人绯闻炒作、备受争议的电影《色戒》国内剪辑后放映,电影道德伦理备受质疑

续表

大众媒体影像文本	播客叙事符号文本	社会新闻事实文本
《巴顿将军》、《落叶归根》、《新闻联播》、《百家讲坛》、《锵锵三人行》视频片段	"黎叔"亲自请巴顿军团除掉"大胆"	温州炒房团搞乱房地产市场、各地矿难频繁发生、各种粉丝团活跃、公路收费站过多、乱收费行为频频发生
《太阳照常升起》孩子画面、《命运呼叫转移》葛优画面	多次失败后,"黎叔"向"大胆"忏悔,突出好人一生平安	2007年中国的改革发展出现了许多问题,但主流是好的,明天会更好。

纵观《性命呼叫转移》互文性文本符号构成,主要有三部分:承担载体功能的传统媒体的影像文本符号;承担意义内核表达逻辑的新闻事实文本符号;承担叙事结构作用的播客文本符号。其中传统大众媒体的影像符号是由媒体制作完成的,属于模拟现实的拟像符号系统。现实新闻事实文本符号虽然源自现实的真实,但已经过大众媒体的加工而形成了含义稳定的符号,两者本身的符号在意义能指和所指上的任意性联系都已经被固化。仅从文本表达形式上看,传统大众媒体影像文本和社会新闻事实文本均是缺乏逻辑叙事的单一符号系统,而播客叙事文本则通过对传统大众媒体的虚拟和现实中新闻事实的两套符号系统进行意义能指和所指上的重新排列与组合,在看似充满"无厘头"的荒诞和不合逻辑的叙述结构中,完成了自身符号系统的重建,同时借助一定意义上的能指和所指,进而表达播客创作者的价值取向以及对新闻事件、热点问题的评判态度。于是,播客借用传统媒体的影像文本作为新的文本载体,通过对这些影像文本符号进行加工再生产,完成了互文性文本符号的重新排列与组合,实现了建构新的社会意义的目的。

二、互文性播客文本的意义生成

随着符号表达范围的扩展,现代符号系统已经由单一符号系统过渡到由文字、图画、声音、影像等元素组合而成的多元符号系统。著名符号学者罗兰·巴特在索绪尔提出的符号能指及所指概念的基础上指出,符号学中能指构成表达面,所指构成内容面,在表达面和内容面上又被分为内质和形式:表达的内质,例如发声的而非功能的声音内质;表达的形式,它由聚合规则和组合规则构成;内容的内质,例如所指的情绪、意识形态;内容的形式,所指之间的形式关系组织。① 应当说,《性命呼叫转移》的创作者依照互文性原则,对原有符号系统进行了多维改造,尤其对原有符号能指和所指的形式与内质进行了深度聚合,从而形成新的表达形式及意义内容。以下主要从两个方面对互文性播客文本的意义生成进行分析。

(1)主体人物符号形象的意义生成。在传统大众媒体的影像与声音符号系统中,一部分影像和声音往往用于功能性叙事(如《红番区》中房屋倒塌镜头),而在《性命呼叫转移》中,绝大部分影像和声音则主要用于背景叙事(如《新闻联播》中的播音员)或角色扮演(如《无间道》中刘德华打电话片段)。其中两个主要人物"黎叔"和"大胆"符号形象的选择和意义生成具有代表性。按照其能指和所指表达的内容细分,对这两个符号形象的描述如下:

能指的内质	能指的形式	所指的形式	所指的内质
葛优	以"黎叔"为代表的一系列银幕形象	无良房地产商	利用社会法律不完善,侵害他人利益以获得个人利益
虚化的形象	以"大胆"为代表的虚拟形象	平民百姓	承担社会压力和不公,但依然乐观向上

从分析中不难看出,"黎叔"这一符号形象借用了葛优在《天下无贼》中饰演的反派角色的名字,并使用大量葛优主演的影片中的一系列形象重新组合成无良房地产开发商"黎叔"的符号形象。在中国,葛优本身具

---

① 〔法〕罗兰·巴特著,李幼蒸译:《符号学原理》,三联书店1988年版,第135页。

有高知名度,其影片也大多是高票房的贺岁片,播客创作者之所以选择这个形象,就是利用大众已经通过传统媒体获得的对葛优符号形象的熟悉度,从而建立起这一系列虚拟角色的横向联系。尽管在服装、角色形象上差异很大,但葛优这一能指的内质稳定性保证了能指形式的变化不会过多地影响或改变能指的指向。例如,在《性命呼叫转移》的第一段落对"黎叔"传奇经历的叙述中,将其形象与黑社会、"打砸抢"组织等形象用戏剧化的手法联系在一起,与后文中无良房地产商的所指重新组合,从而建立起"黎叔"一系列虚拟角色的内在联系。又如,钉子户"大胆"始终使用背影、侧影和模糊的面部等不确定的虚化形象,从操作层面上可以推断,这些虚化的形象来自大量不同的个体人物角色,而虚化的处理使不确定的形象反而构成了一个泛指群体的大众角色形象。片中并没有对"大胆"做任何具体的性格描述,直到最后的段落才出现有声语言的虚化形象,直接与泛指的大众形象的所指相联系。由此不难看出,传统媒体中已经塑造成功的明星角色形象是播客对传统媒体符号系统进行再创作的重要材料,同时,明星形象的能指不仅起到了不同角色之间相关联的纽带作用,而且保证了明星形象在现实生活中的大众熟悉度。而片中不同角色的性格差异和新语境中角色设定之间形成的冲突和反差则强化了整个叙事中令人不断捧腹的幽默感。

　　除了影像,惟妙惟肖的声音模仿、对原台词的改造和演绎以及经典台词段落也是播客互文性文本创作的一个重要途径。例如黄健翔"解说门"、《甲方乙方》中的"但求最贵不求最好"等。《性命呼叫转移》对声音的改造具有一些共同的特点:其一,句段格式的模仿,即原文本中存在的明显独特的句式特征或标志性的词句,均保留于再创作的文本中;其二,新文本内容的嵌入,即再创作的文本在句式特征之外的可替代性的文本位置上嵌入新的文本内容,从而构成新的文本所指;其三,讽喻式的情态,即原文本自身具有强烈反讽意味,再创作的文本将更多社会现象抽象提炼,增强其新闻性,并通过声音夸张模仿等形式加剧了讽喻的程度。这样,播客中抽象的明星形象和再创作的配音促成了"双璜"结构的效果,同时完成了新角色的形象塑造以及互文性文本的叙事。

(2)新闻事实再传播中的意义生成。现实的新闻事实文本符号是播客互文性文本叙事的另一主要来源。播客格外关注的新闻事实在内容上分为突发性的重大事件和长期存在的社会问题。播客等公民媒体的成长以及与传统媒体的互动加速了网络舆论的社会化过程,这就使得目前传统媒体在对新闻事件的报道中已经部分地融入了网络舆论的倾向,因此传统媒体对新闻事件报道的符号系统的塑造并没有与网络完全割裂。从结构上看,网络评论具有"意见多元与言论控制、情绪宣泄与理性评论、不同利益群体与公众舆论的矛盾"[1],网络民众对传统媒体长期塑造的权威形象的消解表现为对新闻事件批判式的关注和选择。因此,播客对社会问题批判式和娱乐化的双重色彩的网络思维模式,使网民更加关注长期存在的大量社会问题中的突出个案,并放大或深化其社会影响力。

仍以《南方周末》的《重庆钉子户内幕调查》报道和《性命呼叫转移》中对"重庆钉子户"同一新闻事件的叙事方式进行比较。首先两者共同使用了挖掘大坑中的危楼图片,《南方周末》的文本以文字和图片描述了重庆钉子户杨武一家住在危楼的情景和生活状态,在影像化情景构筑的同时,《南方周末》更集中地使用文字叙述在三个月的拉锯战中杨武和妻子吴苹与开发商的谈判、诉讼的细节,以大量当事人语言的转述来弥补影像感的缺失。例如报道中对双方的背景做出分析,杨武一家背景从尽量"保持神秘"宣称的"干校出身"、"不是检察院就是法院"到查实的"从卖早点开始做个体生意",开发商"似乎更具政府背景",并详细地列举拉锯战中三次协商数字细节、公章之争等,使用小标题"吴苹'无凭'? 杨武'扬武'?"等。

---

[1] 田大宪:《网络新闻评论的结构性矛盾和消解》,《今传媒》2006 年第 6 期。

报道中没有直接进行评论,更多使用背景描述、细节对比和描述性词语来体现对这一"弱势群体"中立和审视的态度。而在《性命呼叫转移》中,创作者按照时间顺序使用《红番区》中强行拆房的影像,配合图片文字"史上最牛的钉子户"加以渲染,同时配上背景歌曲 Only you。两者相比,在对新闻事实的文本叙事上,播客具备了事实发生状态的漫画式概括和关联性的想象诱导,但缺乏对其新闻背景、新闻细节的描写和刻画。通过直观的影像中人们已经形成的对电影片段强行拆房情景的理解以及 Only you 歌曲所负载的固化含义,播客使受众主动地与已经形成稳定意向的传统媒体符号构成关联,并形成最终的价值取向及评论倾向,这是播客不同于传统媒体表达叙事的一个最根本差异所在。

与传统媒体在新闻报道中必须为大众提供较为翔实的新闻背景资料不同,播客往往只撷取新闻金字塔的塔尖,并由此展开类比和联想。但由于对某新闻事件的评论往往落后于传统媒体,因此,播客的议程设置中已经默认了大众对相关新闻事件的了解程度。为了进一步分析播客如何实现对新闻事实再传播中的意义生成,在此不妨借助费尔克拉夫在文本分析中所用到的两个概念"情景背景"和"序列背景"加以阐释。按照费尔克拉夫的理论观点,情景背景是指涉及暗示与"社会秩序的精神地图"之间的某种相互重叠的关系,而"这样一幅地图只是社会现实的一个解释"。序列背景则依赖于话语类型,"对于用来确定意义的解释原则的研究,就为探讨某些跟话语类型的政治和意识形态的介入成分问题提供了启示"。[①]"重庆钉子户事件"本身是长期存在的房地产商与被征地住户之间产生突出矛盾的一个个案。在大部分传统媒体报道中,已经为被征地住户建立起"弱势群体"、"物权法实施的标志人物"的媒体形象。一方面,新闻事实和社会舆论共同组成了这一新闻事件的"情景背景",在默认的、受

---

① 〔英〕诺曼·费尔克拉夫著,殷晓蓉译:《话语与社会变迁》,华夏出版社 2003 年版,第 77 页。

众熟悉的框架内,播客通过漫画式的标志性情景再现,引导受众对新闻事实元素的再一次关注,并自主地构建相关新闻和评论的"情景背景"。另一方面"序列背景"的构建依靠传统媒体影像和声音已经形成固化且稳定的含义所形成的指向性联想。同样,"序列背景"的构建也建立在相似媒体的使用习惯和文化上。无疑,在播客的互文性文本中"情景背景"和"序列背景"都要依赖传统媒体构建的符号系统,这不仅加剧了新闻事实再传播中意义生成的冗余和干扰程度,而且使得互文性播客文本的传播不能独立存在,客观上则要求受众已经熟知或全面掌握了新闻事实及背景,否则,互文性播客文本传播只能局限于某个具有文化背景与事实信息达成共识的圈子中,尤其是那些与互文性播客文本所依赖的新闻事实信息背景重合度不高的受众往往会对这类播客产生迷茫或疑惑,互文性播客文本中对新闻事实再传播中的意义生成就会产生各种溢损,其传播效果自然大打折扣。

第三节 播客自媒体公民意志的再传播及其平台商业模式及监管自律

播客等自媒体在私人空间和网络公共领域实现了公民言论的自由表达和传播。但如果大众不能在社会公共领域具有言论自由的权利,不能由大众把握公共舆论的导向,民主社会依然是纸上谈兵。尽管草根播客在内容上和形式上是逆传统媒体而行,以反叛者的姿态对传统媒体进行解构,并重建个人化的网络舆论空间,但就现阶段播客自媒体和传统媒体并行发展的趋势看,独立于传统媒体存在的播客,其传播面不够宽广,影响力未能完全渗透到主流大众,还不能肩负起引领社会舆论的重任,但在借用和改造传统媒体内容的同时,更应借助传统媒体实现对公民意志的再传播。所以,播客自媒体在全方位借用和改造传统媒体内容的同时,更应积极借助传统媒体实现对公民意志的再传播。虽然播客平台的商业模式为播客本身提供了一个更为广阔的传播平台,但也要规避受制于人的境况,在监管自律的统筹下,使播客自媒体得以健康发展。

一、播客自媒体与传统媒体的互动

自媒体作为民众通过网络表达观点的传播平台,其内容一般与传统媒体紧密相关,对传统媒体内容的评论、探究、再生产是自媒体内容的重要组成部分。从传统媒体的角度看,播客等自媒体生产的内容往往就是对传统媒体内容的反馈。这里的反馈是指播客自媒体对传统媒体内容进行解构、改造加工、再生产后,在网络传播中对传统媒体形成的一定影响。为了表述的方便,本书在论述播客自媒体与传统媒体的互动关系时,一律使用反馈一词。相比于读者来信、收视率等来自传统媒体本身的反馈指标,自媒体的反馈代表了倾向于网络表达的大众观点和倾向,形式上主要表现为个人化反馈和群体性反馈。

(1)个人化反馈。由于播客是建立在个体独立的私人影像空间之上的媒体形式,它集中了大量个人对传统媒体影音的反馈内容,从而形成了观点独立、形式多样的民意平台。很多时候,个人对传统媒体内容进行深度思考和细致加工后,通过播客这样的民意平台会重新引发大众的思考,这也是一个网络民意再次聚集并深化寓意的过程。例如黄健翔"解说门"事件,原本是发生在传统媒体上的一次解说事故,但经过播客的解读和再加工后不仅引发了大众新的兴趣和关注,而且引发了大众积极参与到从一次解说事故到对主流媒体主持人职业素养和语言个性的大讨论中,个人化的反馈加深了社会大众对这一事件的思考。从众多的播客实践看,播客个人化媒体反馈主要有两个特点:一是专业化。传统媒体出于人工成本等考量,记者的专业化程度时常受到限制,媒体对报道问题的探索深度和广度也因此有所局限,而网络中的个体只要对某一专业的问题有深入的了解就能成为这一领域中的专家,从而超越传统媒体的专业化程度。二是个性化。媒体观点秉承客观公正,但绝大部分媒体受到政治、商业因素和评论员社会背景的影响,观点都会有一定的倾向性,而网络个体的评论反馈不受任何群体和背景的拘束,能够直观地反映个体的主观意见。这样,既保证了社会言论的民主性,又维护了媒体观点的多样化。

(2)群体性反馈。与个人化反馈相类似,由于不受时间、地点、人为因素的限制,在具有广泛选择性的播客影音面前,播客自媒体的群体性反馈更为鲜明地表达了网民个体倾向的集合。视频的点击率和部分播客平台提供的网民推荐率(如土豆网的定制视频功能,网民可以通过此功能表达对视频的喜好)成为了播客群体性反馈的硬性指标,这不仅显示了大量网民对某一视频的共同推荐,同时也反映了网民群体对某一社会事件的关注度。例如,一般情况下新闻联播的视频内容很少出现在播客中,而在重大事件发生时却经常成为当日的热门视频,如陈良宇案、四川汶川地震期间每日遇难人数、三鹿奶粉事件质检报告等视频在各大视频网站均有几十万的点击率。常态新闻与重大新闻在播客中的冷热对比,是网络大众对传统媒体内容信息的选择性延伸和关注度集中化的直接反映,同时也体现了群体智慧统合的力量与群体民意的趋向。

二、播客对传统媒体的反馈模式

在博客领域,尚且存在社会精英的参与,而在播客的发展中,虽然草根阶层的力量日渐壮大,但主流社会精英大多拒绝进入播客领域。因此以播客作个人化反馈在网络信息海洋中如同沧海中的一叶扁舟,在传统媒体强大的信息面前个体的反馈势单力薄,也缺乏群体性反馈的影响价值。从播客对传统媒体的反馈模式看(见图9-1),播客必须通过平台化的传播,并在自媒体群中充当意见领袖的角色,才能体现个人化反馈和群体性反馈的价值所在。这里的自媒体群包括网络论坛、博客群、门户网站的新闻专题等。只有这些能够形成、汇集网络群体意见的公共平台,才能汇集自媒体群体的力量从而对传统媒体进行反馈。

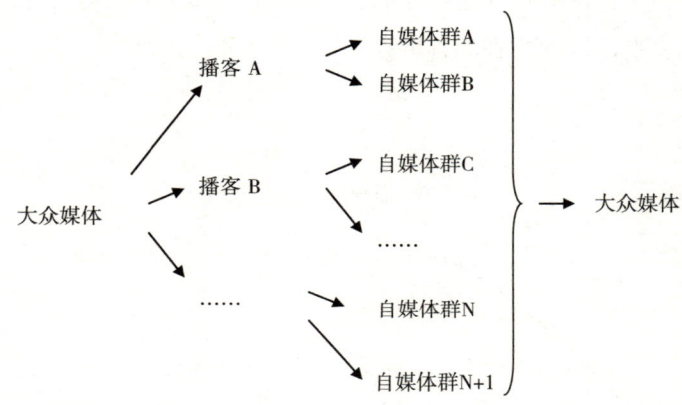

图9—1　播客对传统媒体的反馈模式

三、传统媒体对播客内容的再传播

由于播客先天具有的个性,不是每一段播客视频、音频都能进入传统媒体的范畴,也不是每一个自媒体事件都会获得传统媒体的关注。这是因为个人化的播客首先通过点对点的传播进入自媒体群的范畴。在这一领域中,播客如同清晨的菜市场,没有舆论领袖的存在,也没有任何传播的束缚,播客自觉地接受网民的讨论和审视,在网民不断增加的点击率和附加观点中进入更广泛的传播。那些缺乏关注度的自媒体内容在传播伊始就被无情地淘汰,或许永远沉睡在播客的数据库中。而拥有高点击率的自媒体内容无论其附加的评论是正面的还是负面的,都将其推向了群体讨论的中心,成为自媒体群关注的焦点。这时,播客的聚合行为所构成的社会效应也成为了传统媒体新的关注点,而传统媒体的新闻价值观则成为了测量自媒体信息能否进入社会公众视野的一把尺子。被高度关注的自媒体信息一旦符合传统媒体的传播观念,就会迅速进入大众的视野,凭借传统媒体的传播渠道到达更为广泛的人群,其关注度就会直线上升,成为社会公共话题(见图9-2)。反之,不符合传统媒体观念的内容就会在网络媒体中完成其传播过程,随着时间的推移和新鲜内容的冲击,其关注度下降并退出网络大众的视野。

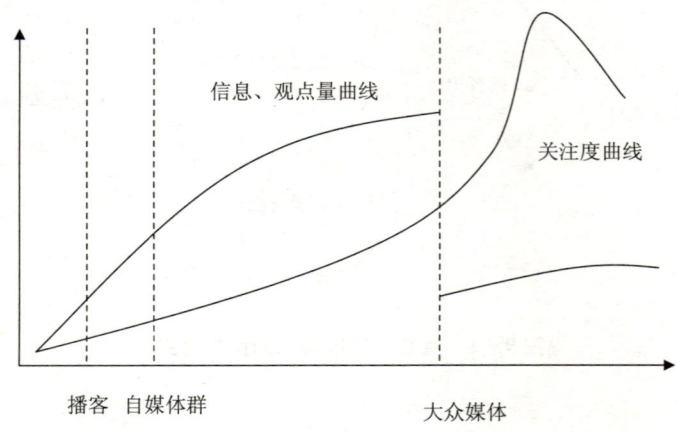

图9-2 播客进入传统媒体关注度曲线图

播客自媒体内容进入传统媒体的再传播与其网络传播相比,在关注度和信息含量上都有明显的差距,出现了一个明显的转折点(见图9-2)。这个转折点体现了草根媒体研究者丹·吉摩尔提出的自媒体的"新闻四项基本原则":全面(Thoroughness)、准确(Accuracy)、公正(Fairness)、透明(Transparency),但也挑战了新闻传统观念的"客观性"[①]。由于自媒体是参与式的媒体,"全面"意味着公众的全面参与和对事实的补充;"准确"即在对真相的报道中向公众直接说明当事人的已知和未知,通过群体的智慧获得更靠近事实的准确;"公正"代表听取他人的反驳和反馈,将公众的观点融入到自己的观点中;"透明"代表保持信息源的公开和

---

① 〔美〕丹·吉摩尔著,陈建勋译:《草根媒体》,南京大学出版社2010年版,第121页。

对自我偏见的挑战。自媒体的新闻原则尽管在实践中还处于集体的探索之中,但自媒体群的参与性使自媒体个体在无形中自我和监督他人践行此原则。在从个人的播客自媒体到自媒体群的传播过程中,信息和观点不断增多,不断通过彼此的沟通交融与修正,进而构成多元化的信息和多样性的观点。虽然播客进入传统媒体的过程必然受到传统媒体观点和专业人员的制约,信息被筛选,观点被审查,无疑是对网络信息传播多样性的一种负面影响,但传统媒体对播客内容的再传播让自媒体内容获得了更大范围的传播,使个人化的观点在社会公共领域有了一席之地,也为个人参与社会民主建设提供了条件。一方面,通过播客,个体获得了公共空间言论自由的权利;另一方面,在自媒体群的关注下进而得到更为广泛的传播,继而实现与传统媒体的互动,最终完成对公民意志的表达。

四、民意聚合和商业模式的互补

亚马逊网上书店、Itunes音乐商店等企业商业模式的成功证明了网络经济的长尾理论。长尾描绘了品种和销量呈现正态分布的曲线,在网络时代,由于关注的成本大大降低,人们有可能以很低的成本关注正态分布曲线的"尾部",关注"尾部"产生的总体效益甚至会超过"头部"。从经济学角度看,媒体传播行为是通过媒体内容捆绑贩卖广告关注的交易行为,大众对媒体内容的关注最终将被转化为对广告商品的关注,因此这一经济学中对产品消费模式的描述实际上也是对大众媒体参与行为的描述。古典经济学描绘的"二八法则"即80%的受众消费20%的产品,与传统媒体的操作行为相当吻合。传统媒体对排行榜的追逐,对畅销电影、书籍的推崇、对黄金时段的追捧、对流行热门的紧随等行为都是在最大化地将受众聚集到特定物上,希望在最小化的时间段落中获得最大化的关注和收益。克里斯·安德森简明扼要地提出长尾市场形成的两个关键:提供所有商品和帮我找到它①。传统媒体由于受到边际成本降低的经济束缚,会将长尾的后半段直接割掉,因此每年各大电影节上展映的千余部影片,最终电影院线只愿上映明星云集的几部电影。而网络实现了货架的无限扩大和库存成本的降低,对比大型超市和网络商城、DVD 租赁店和播客网站,网络平台实现了对小的供应商的最大集成。网络搜索模式帮助用户找到所需要的产品或同类人群关注的产品,关注成本的降低,将大众文化与小众文化融合起来,使大量弥散在长尾尾部的冷门产品打破了热门统领市场的专制时代。亚马逊网上书店、Itunes 音乐商店等的经营者将实体产品和网络商业模式结合起来,从而成为长尾理论的最早受益者。Web2.0 时代的后起之秀维客、豆瓣、博客、播客服务商无论是否具有公益性质,它们都在网络产品的生产中寻求赢利模式。内容的丰富和关注成本的降低使网络大众可以对某一个人的个体行为表达兴趣,这种兴趣的培养实际上也是一种闲暇时间的消费,观看时间和点击率变相地成为了网络服务商广告销售的重要指标。

　　如果说传统媒体在引导舆论,那么网络媒体无疑是在聚合舆论。从表面上看,一段播客视频的点击率直接反映了受众的关注度,由此引发的论坛中的讨论是真实民意的聚合。大众通过网络自觉地搜索和推荐,形成了"事后过滤器","鉴别特定兴趣领域内已经存在的东西,突出那些精华,压制甚至忽略那些糟粕"②。而在播客传播中,播客运营商商业模式的介入,首页和推荐位置的关注会直接影响一段视频的关注度,这一"事后过滤器"的介入减轻了长尾后部强烈的信号噪音比对受众的影响,同时也影响了长尾后部产品的价值。从图 9-3 中可以看出,随着长尾尾部向后延伸,信号噪音比越来越低,唯有在过滤器越来越强大的情况下,信号

---

① 〔美〕克里斯·安德森著,乔江涛译:《长尾理论》,中信出版社 2006 年版,第 207 页。
② 同上,第 105 页。

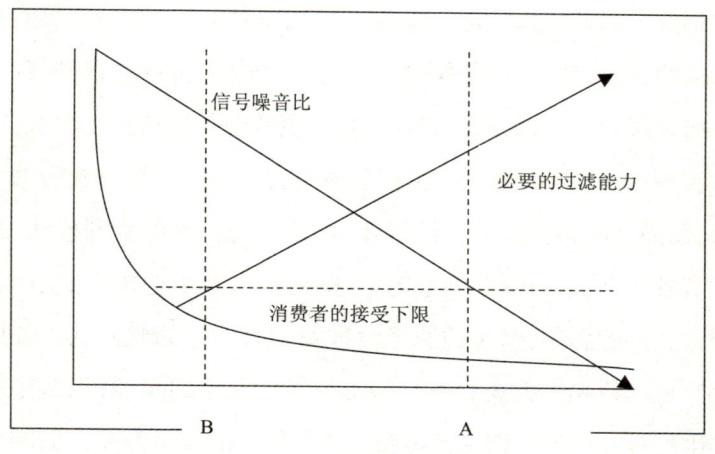

图 9—3 "事后过滤器"功能示意

的能量才能保持不变①。当信号噪音比到达消费者接受下限以下,则一般的消费者很难获得此类信息,而当消费者的下限超越必要的过滤能力,一般消费者均可容易地接收到此类信息。对比长尾中的过滤能力,A 点右侧只有具有专业的个别受众能够到达,即小群体中的舆论领袖,在长尾尾部大量的视频中,最初的传播者具有极强的信息选择和过滤能力。A 点到 B 点之间是网络媒体的筛选和推荐区域,从具有一定点击量和关注度的网络视频中选择代表网站或媒体的观点,以网站首页或推荐位的形式影响受众,使视频获得更广泛的传播。播客运营商发挥"事后过滤器"的功能,提高了视频内容的信号噪音比,使更多的受众可以更容易地获得信息。B 点左侧则是古典经济学正态曲线的"头部",是属于传统媒体向80%的受众提供的在网络和现实社会均具有影响力的内容,只是在播客等网络产品中这样的比例比 20% 少得多。借助传统媒体成熟的平台,"头部"的播客视频直接进入大众视野,多样化的平台和经过重重过滤筛选推荐的内容成为了商业推荐的主流内容,甚至成为公共领域内的潮流

---

① 〔美〕克里斯·安德森著,乔江涛译:《长尾理论》,中信出版社 2006 年版,第 100 页。

和热门话题。商业媒体和传统媒体在长尾模式下，都从守门员的角色过渡到顾问的角色，从小范围的舆论领导者到网络商业媒体再到传统媒体，这样一级一级向上传递，信息数量与达到受众数量则成反比增长。

播客平台的商业管理模式为播客本身提供了一个可以实现公平传播的平台，而播客网站作为商业性媒体，必须考虑自身的赢利模式，在遵循民意的基础上，由于对商业利益的追逐、对点击率的追求、与生产者的分成赢利模式等的影响，播客的选择性推荐具有一定的倾向性。长尾模式的成功案例都依赖于大众的参与和市场无形之手的操控，相信尾部千万种商品中每种一件的销售率都能超过头部集中的少量商品。而国内的播客运营商却始终保持传统媒体的特色，将首页和推荐位视为有限的货架，遵循古典经济学的货架理论，希望在更好的推荐位获得更高的点击收益。以下表格是国内外具有分享视频功能的播客平台首页媒体推荐位和长尾推荐位数量与首页分布空间比例（见表9-1），从两种推荐位和首页分布空间比例分析看，国外的分享类网站在网页上倾向于提供一定时间内高点击率视频，也就是说为更多的受众推荐被其他受众关注的内容，从而起到"事后过滤器"的作用。而国内的视频分享类网站更倾向于编辑推荐视频，预设会引发受众关注的内容，依然行使传统媒体"事前过滤器"的功能。

表9-1　国内外播客平台首页媒体推荐位和长尾推荐位数量与首页分布空间比例

网站	媒体推荐位	长尾推荐位	空间比例
Youtube	16	37	1∶3
Metacafe	15	45	1∶3
Myspace	5	5	1∶2
土豆网	28	27	2∶1
酷6网	59	140	2∶1
优酷网	42	20	15∶1
六间房	47	24	3∶1

商业媒体对播客的引导还表现为推荐内容的主流集中化、软广告化和软色情化倾向。其一，主流集中化。一旦某一视频在网络中引起广泛

关注,在各个视频网站上都能找到多段该视频的转载,在多个播客平台的首页上也能找到相似的推荐,播客平台对点击量和网络热门的追捧促成了一些网络事件的激化。其二,软广告化。媒体的发展已经使广告从单纯的商业宣传发展为一种艺术表现形式,把和广告商有关的内容作为分享视频发布,并在相关位置推荐,成为了一种变相的广告行为。其三,软色情化。播客平台推荐的视频内容包含大量边缘化的色情内容,或在标题中使用辛辣刺激的文辞,以低劣手法刺激点击率的增长。不难看出,推荐的倾向性会对播客民意聚合的本质形成干扰,当播客平台越发成为社会性的媒体,播客平台上所呈现的内容就越发与大众媒体的20%产品相迎合,而长尾的价值也在聚合的过程中被埋没或衰减。

五、民意多样化与监管自律的互助

播客及其传播平台自创建以来就受到相关网络视频管理条例的约束,随着播客成为一种社会普及的网络媒体形式和越来越大的社会影响力,国家监管部门对其实施的约束及其作为运营服务商自行承担的职责和义务也逐渐加大。早在2004年7月,广电总局颁发《互联网等信息网络传播视听节目管理办法》(即"39号令"),对包括互联网、手机、电视等不同终端在内的视频内容给予了诸多规定。"39号令"明文规定:"从事信息网络传播视听节目业务,应取得《信息网络传播视听节目许可证》",并根据业务类别、接收终端、传输网络等项目分类核发《许可证》,互联网企业得到的许可证数量并不多。由于"39号令"主要针对传统媒体生产的视频内容在网络上的传播,并没有对后来发展起来的播客视频实行明确的管理,只是在第17条规定,有影视剧情节的网络短片,因其存在"向公众传播"的目的,同样需要获得广电总局颁发的相关许可证。

在实际运作中,播客在分享视频平台上的传播一直行走在政府监管的边缘。2007年12月29日,国家广播电影电视总局和原信息产业部联合发布《互联网视听节目服务规定》(以下简称《规定》),使正在积极融资的视频网站在 2008 年的新春时节遭遇倒春寒。《规定》中第七条"未按照本规定取得广播电影电视主管部门颁发的《许可证》或履行备案手续,任何单位和个人不得从事互联网视听节目服务"。明确限定了个人和单位从事视频生产的权利,无法取得《许可证》的个人播客必须经由第三方视频分享网站等视频服务商进行发布和传播。第八条"申请从事互联网视听节目服务的,应当同时具备以下条件:具备法人资格,为国有独资或国有控股单位,且在申请之日前三年内无违法违规记录"。已有的视频网站的发展大多通过国外风险投资的融资,股权的重新划定和《许可证》的申请成为视频网站发展的瓶颈,也使 2008 年的风险投资明显降温。2008 年 6 月 18 日公布的 247 张视频牌照几乎全是"国字号"的电视台、电台、报社、出版社等传统媒体所有,当时的优酷网、土豆网等均被排除在外,版权问题的法律约束成为播客平台发展的另一瓶颈。在 P2P 为影音主要传播渠道的时代,数字自由运动的倡导者就提出数字音乐、影像都具有"公共产品属性",这一经济学概念导致了数字化产品的自然状态,即大家希望这些资源随意使用,但这恰恰触犯了传统产业的经济利益。由于 P2P 通过点对点的传播,产业集团对个人的约束缺乏实施的效果和力度,相关的网络数字版权的法律法规始终不能完善,因此,网络数字自由和传统产业反盗版措施之间一直是一场没有硝烟的战争。

  播客盛行初期,尽管《一个馒头引发的血案》引得《无极》导演陈凯歌勃然大怒,声言要状告胡戈,但终究由于播客的传播介于私人空间和公共领域,传播领域的边界模糊使知识产权保护和版权法规履行起来困难重重,陈凯歌状告胡戈一事也就不了了之。但是,2006 年以来多起传统媒体状告播客平台的诉讼案,让播客平台的内容发展受到制约。版权的束缚一方面敦促播客平台与各传统媒体签署合作协议,让播客成为其内容的网络延伸体,另一方面迫使播客平台对网民上传的影音内容进行严格审查过滤,在传播伊始就自行管理和约束。《互联网视听节目服务规定》的出台,传统媒体对播客平台的版权约束,政府和商业对网站直接监管力度的增大,这些都增加了播客平台的管理压力,而播客平台又会将监管的压力以技术手段下放到普通受众的传播内容上,不仅严重影响了播客言论的自由和内容的多样性,而且对播客自主发展产生以下不利影响。

一是传播的垄断。一些特定内容的影像由于版权和政策的规定,被传统媒体垄断,大众失去了通过播客进行再加工社会言论的参与机会。例如奥运会期间所有与奥运火炬传递和比赛有关的视频版权均归央视国际所有,一切未经许可转载的视频均属侵权。奥运期间,网民参与制作的与奥运相关的播客数量骤降,视频领域均被央视官方网站垄断。二是草根精神受到压制。网民以网络恶搞等形式对传统媒体进行解构,是一种民间草根娱乐精神的发扬,也是网民个人表达的一种手段。而在政策监管下,具有叛逆精神的草根视频的发展受到压制,播客平台在自行监管中设定的社会道德尺度和版权对有关内容的使用保护,都将对播客的自主发展造成影响。三是多样性被束缚。播客平台的审查制度漠视大众通过自媒体平台信息的群体过滤能力,制约了播客内容在私人空间的传播,也限制了公共空间舆论的多样性,播客平台再次扮演传统媒体守门人的角色,在本质上与自媒体精神相悖。

当然,从另外一个方面看,法律和政府的严格监管从正面意义上讲是在法律和道德层面上约束大众,要求大众在自媒体表达言论的同时保持自律和自省。不可否认,播客自媒体目前更多地表现在对社会一般问题、文化娱乐现象的关注以及对传统媒体的反馈上,缺乏对社会重大事件、政治经济等高端领域的深度介入,把自己局限在了草根阶层,削弱了对社会公共舆论的影响力。但随着社会认知度的提高,传播平台的优化调整,大众参与的深入和群体智慧的发扬,播客将产生愈加广泛的社会影响,推动社会民主化的进程。

第十章　户外分众影像传播的新发展

从 2005 年起,中国新兴媒体便开始朝着两个方向发展:一个是以互联网和手机为代表、以争取海量受众为目标的发展方向,其共性的传播特征为互动性、精准性和伴随性;另一个便是以楼宇广告电视、楼宇数字电视和移动电视为代表、以争取目标受众最大化为目标的发展方向,其共性的传播特征主要体现在媒介时空的再造性、收视的强制性以及受众的群体性上。后者因其在产品的差异性定位和目标受众的合理性选择方面为市场营销理论提供了新的研究话题,从而博得了业界人士广泛的关注。

第一节　楼宇数字电视与楼宇广告电视的兴起及其经营模式比较

在当代传播情境中,分众影像传播有两层含义:一是指传统的大众影像传媒在新环境下的细分化方向,例如电视频道的专业化、电视节目的对象化;二是指在受众细分市场后新出现的影像传播形式,例如专门为楼宇广告而设计的海报框架和液晶显示屏,专门为城市移动交通工具及公共场所定制发布信息的移动电视和城市电视。这里论述的分众影像传播主要指后者,即根据新的时代特点和市场环境,通过前期调研细分受众群,由此产生的针对性更强的以楼宇广告电视和楼宇数字电视为代表的户外分众影像传播。

一、楼宇数字电视与楼宇广告电视的共性传播特征

从市场环境来看,楼宇广告电视和楼宇数字电视在商业楼宇、高档住宅、办公大楼等场所再造了一个个全新的媒介时空,并创造出新的消费者需求。通常,产品的特殊功能要素会在一定程度上影响消费者需求的方向或程度,对于媒介产品来说,这一要素便体现为它的时空效用。在空间方面,楼宇广告电视和楼宇数字电视将接收终端设在商业楼宇、高档住宅、办公大楼等场所的大厅和电梯口,相对于户外环境来说,这些场所的环境更为安静,也是一个较为封闭的空间,更利于受众接受信息。在时间方面,人们在等候电梯或在大厅等人办事的时候一般都无所事事,不知道该干些什么,处于一个空虚无聊的状态中。在这样一个特定的时空里,如何打发等待和无聊——是人们潜意识里一个尚未满足的需求。这时,一段片段式的视觉画面或者信息是恰如其分的消费"物品"。实际上,楼宇广告电视和楼宇数字电视就是利用了受众的零散时间来满足了特定时空环境下受众的需要——让短暂的等待时间变得有趣。此类媒介按照时空环境设置的信息发布形式、内容以及给受众带来的效用,创造或者引发了受众在特殊时空环境里片刻的享受。

从传播与收视的特点看,楼宇广告电视和楼宇数字电视充分利用了人群被动地在某个空间集结的特点,从受众的手中收回了收视选择权,进而构成了对受众收视的"强制性"。但是这种特殊环境下的"强制性"中蕴含着的是一种"能动性"。因为此类媒体所传播的信息内容在特定的环境下不仅帮助受众打发了等待和无聊,而且及时地满足了受众的特定需求。所以这种"强制性"的收视行为才得以实现。从这一点看,在一个短暂的时间内,对受众来讲,其收视行为与其说是强制,倒不如说是一种满足。

从消费者定位来看,楼宇广告电视和楼宇数字电视的传播理念符合媒介"细分受众群"的理论和市场细分理论。"细分受众群"指传播者通过调研,依据受众的动机、需要、欲望等诸方面的差异,把受众划分为若干个受众群,从而确定有效的传播方式。而这些有着相似或相近动机、需要、欲望的受众构成了一个目标受众群(产品消费者),也称子受众群或亚受众群,或者说是细分市场上的目标消费群。针对细分后的媒介市场,媒介组织便可以确定自己的市场定位,并以此构筑了不同的媒介形态。于是产生了针对人们在等候电梯时的无聊心态和信息空白专门设计的绘声绘影的楼宇广告电视,并将空间领域蔓延到了城市中的其他公共空间如购物中心、酒吧、医院、银行等,于是又产生了楼宇数字电视。相对于传统媒体高高在上的传播姿态,楼宇广告电视和楼宇数字电视以更具亲和力的面目,更具个性化的服务陆续登场,自然博得了目标受众群的青睐。

作为同样以商业运作身份出现的两种新媒体,尽管楼宇广告电视和楼宇数字电视的传播内容完全不同,但他们有着共同的媒介形态、收视环境、目标受众和接收终端。更为重要的是,他们经营价值链的两端——下游承载广告的楼宇空间资源和上游的广告商资源是完全一致的,集中的竞争区域使这两种媒介一开始就处在了核心竞争者的对立立场上。两个"冤家"势必在一个个狭小的楼宇空间里,展开面对面的竞争。

二、楼宇数字电视与楼宇广告电视经营模式比较分析

从媒介经营学的视角看,不管是报纸、杂志等纸质媒体,还是广播、电视等电子媒体,都是在一个有效、合理的媒介经济的框架下进行运转的,各自有着不同的价值创造方式以及经营模式。楼宇广告电视与楼宇数字电视这一对冤家,有着不同核心价值的经营模式。楼宇广告电视坚持"只播商业广告",已经取得了不菲的业绩;楼宇数字电视则奉行"节目内容开道,广告跟进",大有后来者问鼎的声势。这两种经营模式各有利弊,下面

让我们做一个比较。

(1)楼宇广告电视经营模式。楼宇广告电视是传统媒介的叛道者,自创建起就坚持只播商业广告的信条,虽然业界对它该不该播放广告之外的节目,该不该延续传统电视的经营模式一直争论不休,但有两点独特的经营优势是大家都认可的:一是楼宇广告电视抓住了关键环节,在整个产业价值链中能把握其核心。二是楼宇广告电视抓住了有效时间,强化播放效率。对于楼宇广告电视经营模式的具体内容已经在本章第一节"楼宇广告电视创造核心价值的几种方式"中做过详细分析,在此从略。

(2)楼宇数字电视经营模式。与楼宇广告电视相比,楼宇数字电视的媒体定位、经营战略、市场导向等,决定了其采取的是"节目内容开道,广告跟进"的经营模式。这种经营模式与楼宇数字电视充分依托了政府以及传统电视媒体提供的丰富资源有关,在满足其赢利模式的条件中,楼宇数字电视相对于楼宇广告电视来说具有以下几点优势:首先,从媒介定位看,楼宇数字电视是由主流电视媒体衍生的新兴的电视传播平台,而楼宇广告电视则是纯商业广告发布平台。相对于楼宇广告电视来说,楼宇数字电视以新闻资讯等服务性信息为主导,体现以受众需求为中心的传播观,强调媒介的社会服务功能,像突发事件紧急播报;政府信息及时播报;重大事件全程播报;发布灾害天气预警、警方提醒等信息,这些都体现出楼宇数字电视"关注民生,服务大众"的媒介定位。这样,从吸引观众注意力、服务大众来看,后者更胜一筹。其次,从价值创造过程看,楼宇数字电视的经营模式符合媒介市场中的"二次售卖理论"。即媒介单位先将媒介产品卖给终端消费者(读者、听众、观众),然后再将他们的时间(或注意力)卖给广告商或广告主。媒介工业建构的这个二元产品市场是媒介经济最重要的显著特征,经过两个市场的交易以后,媒介就完成了它的价值创造过程。这也是城市电视目前赢利的一种有效途径。最后,从信息传播手段看,目前楼宇广告电视的广告节目载体是CF卡,而楼宇数字电视的节目是通过电视频率传输,采用了先进的 DVB-T 数字电视地面广播技术,从播控中心发出的数字电视信号经过中央发射塔传送到各个终端,再通过还原技术变成图像播出,其传播具有实时性、随时更新、统一发射、安全清晰等特点。楼宇数字电视的这些技术优势保证了其播出内容的实效性、安全性、快速性和广泛性。

(3)二者比较优势分析。从目前两种媒体的实际运作情况看,楼宇数字电视的上述优势能对楼宇广告电视产生多大的影响还无法断言,因为许多情况下,优势往往是比较优势,而市场偏好和消费者倾向都不是在短时间里就会显现出来的。对于楼宇广告电视和楼宇数字电视来说,其优势存在的同时也蕴含着明显的不足:首先,对于楼宇广告电视的经营者来说,在某一个特定的时空环境中能够满足受众的需求是形成有效传播的必要条件。当楼宇广告电视产生之初,所有人都会嗟叹其传播创意的巧妙。但归根结底它还是一种强制性的"一元目的媒体",不可回避的是,如果在一种媒体中只传递广告信息,加上带有强制性的传播形式,容易使人反感,因为广告未必时刻会受欢迎,尤其是那些赤裸裸的商品信息往往令人心生排斥。有专家指出,楼宇广告电视侵害了人们的公共空间,单一播发商业广告,是一种"视觉污染"。长期处于这种强迫下的媒介接触环境,受众必然要做出自己的价值判断和心理定位。这样,楼宇电视广告传播的"强制性"可能招致受众的抵触。所以,随着时间的推移,在新鲜感退去之后,受众很难对单一的广告信息长时间地持续关注。相反,与其切身利益息息相关的政治、经济、文化、社会等各种信息却更能引起受众的持续关注,广告信息只是其中的一部分。由此可见,楼宇广告电视目前最被看好的"一元目的"也正是未来最有可能被诟病的"目的",那时,对广告内容进行差异化选择,包括对传播内容进行改革使之具有较强的针对性、指向性、层次性和实用性,应该是其发展的主要方向。例如在高级办公楼内推出高档品牌的广告,在中档写字楼内播放大众化的商品广告。

同理,对于楼宇数字电视的经营者来说,如何以高质量的节目内容吸引受众以获得最多注意力资源至关重要。对于任何媒体来说,"内容为王"是一条真理,因为在实际生活中,绝大多数受众在乎的不是什么新技术,而是能看到什么内容。楼宇数字电视的传播内容要为目标受众群"量身定做",针对"三高人群"的特征,提供符合他们口味和需求的新闻、信息资讯及生活娱乐等节目。同时,为赢得公众的信任,广告与节目的比例要适度,播放的时间、频次要安排合理,内容要健康。从受众接受心理看,面对那些来去匆匆的受众,楼宇数字电视所播放节目的类型至关重要,而且节目的长短也关乎吸引受众眼球的效果。所以楼宇数字电视不能简单地照搬传统的电视节目和广告的组合模式,只有以"短、频、快"为特色,制作出个性化的节目内容,不断提升其品牌形象,才能获得预期的回报。

楼宇广告电视和楼宇数字电视作为两种户外影像新媒体,一个在楼宇广告市场上已占先机,一个依托强大传统电视背景正积极进取。它们的经营模式各有利弊,而"差异性"产品设计应该是下一步走远走好的必行之路。历史上所有成功企业的经验也告诉我们,没有任何一家企业能够以不变应万变地在市场经济大潮中立稳脚跟。所以,如何在实践中把准消费者的脉搏,因时因地调整传播内容和传播方式,将是优化产业链、赢得受众和广告商的双重青睐的最佳途径。

第二节 当代社会语境下户外分众影像传播的成因及发展趋势

分众影像传播是在大众传播理念差异化和受众市场细分化下应运而生的产物,其诞生的初衷就是为了弥补大众影像传播无法顾及的传播空间、传播广度、传播深度和传播效率。其发展趋势离不开消费社会、受众细分、大众媒体的弱化等社会语境的促动,而行业自我调适与国家法制监管的有机结合则是分众影像传播健康发展的保障。

一、从分众传播到分众影像传播的嬗变

分众传播的产生源自现代市场细分理论在大众传播中的实践。市场细分理论是美国市场学家温德尔·史密斯(Wendell R. Smith)于20世纪50年代提出来的,它是指按照消费者欲望与需求把一个总体市场(通常过大而致企业难以服务)划分成若干具有共同特征的子市场的过程,处于同一细分市场的消费群则被称为目标消费群,对大众市场而言则是分众[①]。1990年,美国未来学家阿尔文·托夫勒(Alvin Toffler)在其著作《权力的转移》中曾预测,当代新闻传播的一个发展趋势是,面向社会公众的信息传播渠道数量倍增,而新闻传播媒介的服务对象逐步从广泛的整体大众,分化为各具特殊兴趣和利益的群体。因此,在社会阶层日益多元化、阶层分化日趋明显的今天,大众传播转向分众传播,已经成为必然的趋势。分众传播之所以从大众传播中分离出来,除却一大批分众传播现象产生之外,决定性的因素在于分众传播技术的进一步成熟和定型。如何精准地将目标受众从广泛的人群中分离出来,如何能有效地监控传播效果,如何使传播的讯息专注于目标受众的兴趣点,这些都不是传播者一厢情愿就能实现的想法,都要依托分众传播技术的完备。之所以分众传播行为在当前时代得到了史无前例的扩张,一方面是得益于传播者大胆而富有创见性的思维和实践,一方面也是基于各式各样新分众传媒的涌现。具体讲,分众传播是指传播者根据受众需求的差异性,面向特定的受

[①] 朱海松:《第五媒体——无线营销下的分众传播与定向传播》,广东经济出版社2005年版,第92页。

众群体或大众的某种特定需求,提供特定的信息与服务①。既然明确了分众传播是以差异化传播为手段,以差异化信息为内容,以差异化受众为对象,以差异化认知为目的,这就为进一步分析本章的主旨——分众影像传播打下基础。分众影像传播作为分众传播的典型表现方式和主要传播渠道,通过对大众影像传播进一步的细分和创新,并结合影像媒体的传播优势,更是把差异化传播效果演绎到了极致。

  随着媒体产业的不断发展,人们可能留意到这样一种现象,越来越多的影像传媒深入到人们的日常生活中,或者说电视这种家庭影像消费品越来越多地出现在人们的公共视野中。例如在汽车上能看到电视,在地铁车厢里能看到电视,在飞机上能看到电视,在写字楼里能看到电视,在餐馆、超市、酒吧、银行、医院等但凡人们可能经过的地方,都史无前例地充斥着电视的身影。电视这种极具家庭化的私人用品眨眼之间变成了公共传播手段。人们享受的也不再仅仅是环绕在沙发之间,伴吃着零食看电视的消遣,而是可以西装笔挺,行色匆匆间歇瞄一眼出行信息,或是在拥挤的车厢中观看秋季巴黎时装展,或是在银行排队之余看上一个搞笑的 flash 等。

  总之,各式各样的炫目液晶屏,整齐划一或参差不齐地排列在户外的各个站点,不知疲倦地播放着各色信息以网罗人们的注意力。与其说是那冷冰冰的屏幕镶嵌在各式各样的光亮墙壁和支架上,倒不如说是那些美轮美奂的影像急切而又贪婪地黏在人们的眼球里,在人们的视网膜上做着五光十色的映射,令人避之不及。这种创新性的分众影像传播在当前有很多突出案例,比如说以 Youtube、土豆、酷六等网站为代表的分享视频服务,以分众传媒为代表的楼宇液晶电视,以北广传媒为代表的移动电视和城市电视等。这种一对多、一对几甚至一对一的分众影像传播模

---

① 〔美〕阿尔文·托夫勒著,吴迎春等译:《权力的转移》,中信出版社 2006 年版,第 78 页。

式具有相似于直邮广告点对点的集中宣传攻势,传播效果自然不同凡响。本章论述的分众影像传播指的是细分化的媒介采用影像的表现方式,向特定的受众群体或大众的某种特定需求提供特定的信息或服务。它是相对于传统的针对社会上异质的大众影像传播而言,是一种相对集中的传播方式。它具有三个基本特点:

一是移动性。移动性是分众影像传播区别于传统电视的主要特点。这种空间上的移动是双方的。一方面是媒体移动。家庭电视固定在客厅房间的一角,多少年静止不变,很大程度上成为摆设,而分众影像传播则走向户外,安插在受众生活途经的各个站点,成为流动的风景线。另一方面是受众移动。在许多公共场所,受众在移动中却与媒体相对静止。受众的移动决定了分众影像传播的趋向,而后者作为前者生活轨迹和状态的折射,则成为了其现代性的一部分。二是强制性。这也是分众影像传播与传统电视的一个重要区别,在这些电视衍生族群面前,观众的遥控器被没收了,甚至连机器的摆放位置都已经被人为地设定好,即便它总是"贴心"地悬挂在人们视线的前上方,最终目的只有一个,尽可能多地影响到路过群体,像是在人们生活中处心积虑地埋下了层层陷阱,令人防不胜防并强制受众收听收看。三是反复性。虽然目前人们看到的分众影像传媒主要有以广告为主的传统楼宇电视和以资讯服务信息为主的城市电视,但在这两种传播方式之间,及其同类系列传播方式之间所传递的信息,却有着本质上的相似性,甚至是整齐划一的。例如受众在超市中看到的某条广告在其他"站点"还能重复看到,在地铁里看到的某个电视栏目在换乘公共汽车时还能接着收看。为了使受众接收到完整而统一的信息,传播者不遗余力地在受众必经之路上安插尽可能多的液晶屏。这样,受众在信息长河中再也不是"刻舟求剑",相反为了让"渡河者"准确地拿到剑,河是可以无限拷贝和位移的。这时的传播者更像是在"守株待兔",怀有无限的耐心和恒心,只因为新时代的"兔子们"太行色匆匆难以捕捉了。分众影像传播作为在传播理念差异化和细分化下应运而生的产物，其诞生的初衷就是为了弥补大众影像传播无法顾及的传播空间、传播广度、传播深度和传播效率，这种传播形态的运作和发展是在受众市场逐渐分化的情况下，依靠传播机制及其相关的市场机制，其自身自主和自觉调整的结果。

二、分众影像传播在当代社会语境下的发展趋势

1. 消费社会促进影像传播分众化

西方文化学者曾注意到，现代影像文化传播观开始了一个从"叙事"（现实主义影视作品）向"景观"（后现代影视作品）的渐变，映射到社会传播观上即是从一个"生产社会"向"消费社会"转变。消费不仅是经济行为，同时也是社会和文化行为。现实的一切均可转化为虚拟的影像符号，在影像传播中不断重组和重新解读，刺激人们的消费需求和享受欲望。当代消费社会并不单纯是占主导地位的"物欲主义"的释放，而且还是一种强迫消费者面对他们所没有期望过的影像爆炸的社会。在其中，人们时时刻刻必须面对无数梦幻式的影像，接受这些影像对于他们的强迫性述说，并迫使自己的审美感现实化，被引导到虚幻的影像消费中。马克思主义经济理论认为，经济基础决定上层建筑。于是在市场经济盛行的现代社会里，受众与传播者的媒介接触行为，有了更深刻的经济诱因。在潜移默化的消费过程中，影像传播作为最有杀伤力的手段凸现出来。消费社会的理论范式强调的是欲望的文化、享乐主义的意识形态和都市的生活方式。现代消费文化以高密度、全方位、多媒体的形式淋漓尽致地展现在受众面前，最大程度地蛊惑甚至是胁迫受众响应这种消费理念，从而在一种信息风暴的冲击下达到出人意料的传播效果。可以说，消费社会呼唤影像传播分众化，具体表现为：生产高度同质化的现代社会需要通过分

众影像传播来区隔产品身份;专业化、细分化的消费产品需要分众影像传播更加专业化、细分化;"乱花渐欲迷人眼",产品极大丰富的消费社会需要更专业的渠道传达消费知识和商品信息;激烈的市场竞争驱使广告主寻求针对性更强的广告媒介以达成品牌与消费者之间的优质高效沟通,从而节省宣传成本;消费者的经济分层带来了消费观念和消费领域的区分,由此需要与各自群体相呼应的分众影像传播;消费社会节奏的加快和竞争的加剧使传受双方都呼唤更省时省力的细分群体传播。在这种社会环境下,影像传播媒介的功能不仅是演示而且要吸引;不仅要易懂而且要专业;不仅要到达而且要集中到达;不能空缺更不能浪费。在分众影像传播的"图景"中,人们看到了消费社会作为一个巨大的背景,将影像推至文化前台的历史过程。从时间转向空间,从深度转向快速,从整体转向碎片,这一切正好契合了视觉快感的需求。所以说,消费社会是视觉文化的温床,它促使分众影像传播不断进一步细化,从而进入人们生活的方方面面。

2. 受众细分促进影像传播分众化

20世纪70年代,美国著名市场营销与广告学专家艾·里斯(Al Rose)和杰克·特劳特(Jack Trout)提出了定位理论,即产品和品牌要在市场中找到空白点并确立其在竞争中鲜明的位置,便于消费者认知和记忆[①]。由于其简洁的表述和实用的理念,它成为有史以来对美国营销影响最大的观念。随着科技的发展,商品同质化程度越来越高,对产品精确定位提出了难题。为了应对这种挑战,市场细分的方法开始盛行于各行各业。在媒体产业领域,细分受众群是指传播者通过调研,依据受众的动机、需要、欲望等诸方面的差异,把受众划分为若干个受众群,从而确定传播方式的过程。而这些有着相似或相近动机、需要、欲望的受众构成了一个目标受众群,也称子受众群或亚受众群。受众的需求因性别、年龄、收入、居

---

① 〔美〕艾·里斯、杰·特劳特著,王恩冕译:《定位》,中国财政经济出版社2002年版,第7页。

住地点、文化传统及需求层次的差异而千差万别,但这种差异,并不是每个人各属一种类型,而是有相当数量的受众在对媒体传播的需求上存在着相似或一致性。而正是这种"差异化大背景下少数的一致性",促使针对特定类别目标受众群的传播媒介的产生成为可能,而这种符合媒介特定传播目标的受众群,就被称为目标受众。拉斯韦尔在《传播在社会中的结构与功能》一书中将传播过程概括为五要素:传播者、信息(传播内容)、渠道(传播媒介)、受者、传播效果,并指出这五个方面息息相关,相互制约,随着社会和时代的变化共同发展。试想当消费社会促使传播的发送者和信息内容都逐渐细化,对传播效果越来越苛求,作为传播渠道的媒介又怎么能不走向分众化呢?在这种细分理念的驱使下,媒介市场产生了各种目标受众群,以此构筑了不同细分化的分众影像媒介形态。例如针对上班族在等候电梯时的无聊心态和信息空白,产生了绘声绘色的楼宇电视,而这一见缝插针的新媒介又有了新发展,延伸到了人们途中的各个站点——购物中心、酒吧、医院、银行等各种公共空间,于是,针对现代生活中的各种流动人群的信息需求,城市电视应运而生。这些分众影像传播媒体在各自的传播领域大行其道,执行着对某一类人进行某一类信息的影像传播,或各不相扰,或有所交叉,或进行合作,形成了百花齐放、百家争鸣的新局面。

3. 大众影像传播的弱化加速分众影像传播的产生

大众影像传播曾因其受众广泛的传播特点而迅速走红,在扩大公共领域的疆界和范围的同时,将越来越多的人卷入其中,长期以来,其霸主地位无人能够撼动。然而,随着媒体受众市场定位逐渐盛行,一方面大众影像传播广泛的受众定位使得受众在宽泛无焦点的信息海洋中越来越麻木且不知所措。另一方面,广告主大量的广告费用在"放之四海皆不准"的大众影像传播中无谓消耗乃至浪费,这种传播效果让广告主开始捂紧钱袋。在这种受众和广告主越来越不买账的情况下,传播者和媒介经营着对大众影像传播强势效果论的狂热开始冷静下来,而分众影像传播则引发了人们的极大关注。既然分众影像传播的产生是为了弥补大众传播媒介目标泛化诉求不集中的缺憾,那它必然有着不同于传统大众影像传播的新特点,根据分众传播的产生背景、原因及发展趋势,并结合目前各种分众影像传播活动的共性,本章将其特性归纳为以下几点:一是相对于大众影像传播面向广大的异质的动态的受众群,分众影像传播以特定的、有着相同或相似的媒介接触习惯、较为稳定的一群人为传播对象;二是相对于大众影像传播立足于宽泛的共时性的传播效果,分众影像传播更注重集中的历时性的传播效果;三是相对于大众影像传播以传播者的意图为中心的传播观,分众影像传播更强调以受传者的需求为中心;四是相对于大众影像传播特有的传播广度,分众影像传播更注重传播深度的宣传攻势;五是相对于大众影像传播立足于普及并提高产品知名度,分众影像传播着重实行对核心消费者的重度覆盖,令整个媒体投资更趋向于经济与理性化;六是相对于大众影像传播立足于传播信息的通俗易懂,分众影像传播侧重于专业细分化的信息传递等。除却分众影像传播的媒体优势,分众影像传播大行其道的另一个重要因素是媒体经营的市场化打破了以往的传播渠道垄断。在传统大众媒体传播渠道无限扩张带来相对过剩的背景下,传统的传播管制力度和资源效能会有一个平均化的递减。其突出的表现在于传统媒体人以为最有价值的版面和时段等资源都会因其大量"过剩"而出现价格贬值。从传播效果来说,无论是政治宣传的那种"媒体联动",还是广告投放的那种"集中轰炸",其传播效果都在明显衰减,于是大众媒体"渠道霸权"的时代终结了,一个新的分众影像传播时代开始了。

  自律与他律是分众影像传播健康发展的保障。分众影像传播产生以来,一直在按照商业化模式进行自产自销的经营,其依托的也不过是价值规律和传媒人士自有的行业道德,但相关领域的市场监管却一直处于空白。有无必要为分众影像传播的经营管理专门立法,也是传播学界和传媒企业界所热议的话题。因为分众影像传播诞生之初,是借以纯广告媒体的名义登场,长久以来,分众影像传播的游戏规则,是按照广告业的法则来限定的。那就是广告内容应当有利于人民的身心健康,促进商品和服务质量的提高,保护消费者的合法权益,遵守社会公德和职业道德,维护国家的尊严和利益。对于以广告为主的楼宇电视来说,这一商业法则完全适用。因此在兴盛之初,并未发现监管上的棘手之处。随着分众影像传播范围的逐渐扩大和行业领域的不断延伸,分众影像传播的内容和播放时间、空间都有了新的变化。单纯的广告法并不能完全覆盖这类新兴媒体,这就迫使分众影像传播必须自行寻找能自我规范并规范同业者的法律规范。例如在分众传媒与聚众传媒竞争伊始,面对短兵相接的竞争和资本的压力,双方都曾做出了许多非理性的决策。在一个时期内,双方在名称之争、圈楼、融资、上市、人才争夺、行业标准、市场份额、收购兼并等八个领域拼得火热,双方不仅在媒体上互相攻击,还不惜重金各自聘请专业调查公司调查其市场份额,先后发布了分众和聚众"七比三"和"平分天下"的两种迥异结果。进入2005年,双方口水之战越演越烈,在分众按动开市铃的前三天,聚众举行"中国楼宇电视广告标准研讨会",提出五条行业标准,其中"楼宇电视广告只有在低干扰度的广告环境中方能奏效"这种观点显然是针对分众正在大力拓展的卖场广告,动机昭然若揭。而"分众从来不发布标准,因为分众天然地在这个市场中被认为是标准。它创建了这个行业,就是这个行业的标准"。对于聚众的公然挑衅,分众如此反唇相讥。但同业者之间一场闹剧过后,聚众最终被分众纳入旗下,竞争者终究握手言欢,但制定行业规范的事情却被抛诸脑后。

  目前各行业的法规已经相当完善,而分众影像传播产业通过行业自律尚能弥补自身的规范缺陷,这种以"有形之法"规范"无形之法"的方式,虽不是长远之计,毕竟也是有章可循。由于分众影像传播的目标受众是中国的中产阶级族群,也即是引导和担负中国未来社会发展的中坚力量,关系着民族竞争力强弱及民族文化的传承和走向,因此必须对这一传播行为所引发的各种社会现象加以重视。正如当代英国社会学大师吉登斯所说:"在现代性的条件下,媒体并不反映现实,反而在某些方面塑造现实。"[1]分众影像传播的全面泛滥有可能导致在政治和经济上并不后现代的国家和社会超前感受到后现代文化的气息,更有可能造成社会群体的认知区隔及影像麻痹。如何在国家政策允许的范围内让行业既得利益最大化,又能得到国家政策的强力保障,这应当是分众影像传播必须面对的一个如何协调好自律与他律的监管议题,因为只有行业自我调适与国家法制监管的有机结合才是分众影像传播健康发展的保障,而实现这些目标依靠的不再是其传播的内容、渠道和方式,而是其传播背后的人。

第三节　户外分众影像传播塑造社会映像的消费主义指向及其反思

作为消费社会和受众细分驱动下的必然产物,分众影像的传播者依据新时期媒介受众市场细分策略及竞争需要,采用影像的表达方式,向特定的受众群体或大众的某种特定需求提供特定信息或服务的传播形态。分众影像传播形态不仅对大众影像传媒市场产生巨大冲击,而且更为重要的是,当这一传播活动映射到社会意识形态上时,其暗含的消费主义高度指向和全方位的消费诉求,是如何通过各种路径塑造了一系列的社会映像,进而引发人们对以楼宇电视、城市电视为代表的分众影像传播的理性思考。

---

[1]　〔英〕安东尼·吉登斯著,赵旭东等译:《现代性与自我认同》,三联书店1998年版,第28页。

一、社会身份的"自我诱导"

　　如果说全球化的深刻影响并不仅仅是,甚至主要不是关于经济上的互相依赖,而是我们生活中的时空观念的巨变,那么,与全球化互为表里的消费主义,就更不是简单的消费产品、消费市场及消费人群所能涵盖的。因为即使最简单的消费活动不仅会操纵和影响着人的主体意识,同样也会对消费参与者甚至旁观者产生价值观上的深刻影响。正是在消费主义基础上诱发的文化派别现象和大众媒体受众细分战略带来了消费者的层化行为,进而强化了其社会身份和模式化形象。所谓社会身份,是由一个群体系统内的社会关系构成,同时需要群体间的相互认证,是一个不断重新建构过程的产物。大众媒体"受众细分战略"恰恰是在消费者中间划了条无形的界限,使目标受众群体免于陷入"身份"不清的困境。也正是这种虚拟无定式的消费目的,才赋予了消费主义永不枯竭的生命力,使其能够在任何社会形态和发展阶段上都能迅速铺陈开来,占领阵地。例如分众影像传播中的广告就提供了一个这样的机制。首先给它的受众一个定位系统,以确认众人的身份、角色,接着让他们相互交流、复制类似的信息,像支持个人的社会地位,维持心理稳定,为社会群体提供"共识"和使命感等。这种传播基调既是一个指引,又是一种暗示,尤其是对尚处在社会化过程中的青少年群体,其社会阅历有限,价值判断也未建立恒定的标准,只能依赖媒介环境和传统教育得以辨识,而强大的无所不在的商业化分众影像传播恰恰构筑了一个目的性统一、持续连贯的社会化传播空间。分众影像传播的社会功能通过广告中的"定型模式化"人物或场景表现出来,当人们看到了广告这面大众"镜子"中折射出的社会映像时,他们形成了、或者加深了、或者改变了原有的对某一类型人的判断。通过媒介环境有目的地告知什么是"成功人士",什么是"精英阶层",受众的社会化进程逐渐轮廓清晰而且社会身份的自我认同也愈加坚定。

消费主义所服务的广告策略凸显了人际的差异,这种差异尤以分众影像传播所建构的受众细分更加明显。分众影像传播的内容是建立在社会群体身份归类和比较的基础上,是对个人群体特征和行为模式的普遍化看法,因而具有"共识"的特征。当分众影像传播以"大众的语言"出现并确立时,社会趋同力的作用使其难以消除并固化了受众的态度。这些分众广告通过愈来愈广泛的媒介渠道建立议程并强化了这种差异,从而在分众影像传播过程中达到对受众的信息诱导和观念培养,促使受众的心理结构向广告的宣传结构靠拢。而在这个过程中,广告主,即商品生产商和销售商所期待的消费主义心理模式也逐渐形成并蔓延开来。而这样一种社会身份定位究竟是受众自身的积极争取还是消费主义的"阴谋"所致,则无法简单地加以考量。但必须指出的是,受众这种主动寻求或"自我诱导"社会身份的心理倾向则是其社会分层最重要的因素之一。到底是家庭和学校这种正统教化模式"塑形"力量更大,还是发端于市场的分众影像传播手段更有影响力,则是现代传播语境下身处不同社会角色的传播者们所要扪心自问的话题,尤其是在理论上本应占据舆论导向的社会教育工作者们,更要反思消费主义价值观为什么能在分众影像传播的时空中不断攻城略地的理由。毕竟市场是公平的竞争机制,消费主义的日益膨胀,映射出的正是薄弱教化机制的失语,而受众社会身份无法自拔的"自我诱导"则在分众影像传播的推波助澜下大行其道。

二、人生价值的"自我欺骗"

英国社会理论大师齐格蒙·鲍曼在 20 世纪八九十年代的思考和写作中发现消费主义是一个非常中心的范畴,他认为"消费性的选择在当代社会中扮演了某种极为中心的角色,这与在现代社会中通常由工作、职业、就业等所扮演的角色相类似。在生活层面上,消费是为了达到建构身份、建构自身以及建构与他人关系等目的;在社会层面上,消费是为了支撑体制、团体、机构等的存在与继续运作;在制度层面上,消费则是为了保证种种条件的再生产。"①正如传播学者多次强调的那样,人们更多的是生活在一种媒介"拟态环境"中。受众对世界的印象、看法、人生和价值观常常建立在媒介对现实环境的虚拟映像之上。例如在消费主义的引导下,楼宇电视轮番上演着物欲横流美不胜收的好戏,反复播放商业广告,始终如一地向人们灌输着理想人生的标准:有房有车、有权有势、有崇高的社会地位、有温柔贤惠的妻子和聪明伶俐的子女。除此之外,种种精美的商品周围还附有一张社会环境、生活观念或者特定文化价值的网络图,比如异国风情的沙滩,蔚蓝的大海,高楼林立的城市,宽敞明亮的居室,激情四溢的男女主人公等等,这一切时常被无言地注释为当代社会的生活场景。而城市电视极力彰显的音乐、时装、明星等流行文化元素又是如此的美艳动人,在这些流行文化经典代码的背后无不隐藏着巨大的消费商机,即便是那些最公益化的天气或出行信息,也逐渐向中高层消费群体的需求靠近。在以往简单的天气预报和城市交通情况发布的基础上,融入了更多类似于防晒指数、航班信息、旅游参考等时尚元素,虽不像麦当劳广告那样高呼"更多美味尽在麦当劳",但为促进假日经济或一些边缘消费的商业动机则昭然若揭。于是,人们会在分众影像传播中看到以下观点,并且以既定事实的表现形式出现:所有的商人都是诚实的,即便有不守规则的,也早已被其他商人所指责;生活现状是美好无瑕的;所有的超市、电信商、饭店和服务机构也都是善意无私的;越知名的商品质量越值得信赖;所有吸烟者都是优雅、健康、有绅士风度的;所有的金融机构永远运作正常;贫富分化、物价上涨并不是我们这个社会面临的最紧迫的威胁,甚至于严峻化的地球环境、富国与穷国之间的暴力冲突也显得微不足道等等。

---

① 〔英〕齐格蒙·鲍曼著,何佩群编译:《消费主义的欺骗性——鲍曼访谈录》,www.gmw.cn/01ds/1998—06/17/GB/203%5EDS606.htm — 7k.

事实上,消费主义允诺的是一种幸福的普遍性:它与生俱来便标榜着奢侈和物欲的印记,追求与否也是公众的自由,每个人都可以自由地选择,也就是说,人们被允许进入消费主义的商店,他们同样被允诺将得到幸福,相对于家庭和爱情等种种遥不可及的人生理想来说,消费主义的门槛如此之低,让所有期盼幸福的人都蠢蠢欲动,这是欺骗性之一。其二,它设定了一个虚假命题:一旦你拥有了消费者的自由,你就完全解决了自由问题。因此,自由被降格成了消费主义,而且这一虚假命题使人们忘却了除了买一套漂亮的衣服外,还存在着其他自我实现的路径。然而这样一套价值兑换体系一旦传播开来,便成为人人皆可通过消费达到通往终极幸福的舆论导向。对于分众影像传播的受众来说,高尚的生活理想和优越的生活状态,也不过是成就消费主义摩登时代的一颗微不足道的螺丝钉。显然,这才是在分众影像传播消费主义欺骗性外表下隐藏的受众人生价值"自我欺骗"的真相。

三、文化侵略的"自我美化"

哈罗德·伊尼斯曾把媒介分为两大类:有利于空间上延伸的媒介和有利于时间上延伸的媒介。倚重时间的媒介有利于宗教的传承,倚重空间的媒介有利于帝国的扩张。[1] 如果说传统电视是倚重时间的典型传播形态,户外大屏幕广告则是倚重空间的代表,那么以楼宇电视和城市电视为代表的分众影像传播便成了兼具这两种传播优势于一体而无所不包的传播媒介。如此兼收并蓄的分众影像传播,以至于让人每每想起,总会喟叹发明者当初的匠心独具。或许伊尼斯当初也不曾料到会有这样一番情景,在大洋彼岸的异国如此完美地践行了他的传播理想。而宗教的传承和帝国的扩张也在全球化的大背景下,史无前例地统一成消费主义的终

---

[1] 〔加〕哈罗德·伊尼斯著,何道宽译:《传播的偏向》,中国人民大学出版社2003年版,第47页。

极纲领,并在当今国际舞台上大行其道。眼下无论是在公交车上看到巴黎时装周的霓虹靓影,还是在电梯口遇到麦当劳优质早餐的大力推介,我们只能感叹消费主义的无国界性。然而,即便走出这个无所不在的分众影像传播环境,我们仍会在一家又一家的知名餐饮和国际名店中流连忘返,地球俨然已经成为一个村落,消费主义更容易成为村口的那挂大钟,日日敲时时响,久而久之振荡出不可忤逆的消费指令。在一国的背景下,这或许仅仅是经济模式的正常成长,一旦投入到不同社会制度的国际传播环境中,便不得不让人时时警惕这消费主义发出的声响,究竟是单纯的价值交换行为,还是渗透着意识形态侵略的危险信号。[①] 答案应当不言自明,因为在现实社会里,虽然各发展中国家都在传媒所有权和使用权上设置了层层关卡,却并不能抵挡消费主义所裹挟的强势文化帝国主义大刀阔斧地入侵。于是,麦当劳那耀眼的黄色大门成了繁华都市的典型地标,而一字排开的国际名店也成了商业步行街所不可或缺的风景线。分众影像传播的兴盛为国际商业巨头尤其是奢侈品巨头开辟了史无前例的绿色通道,一路高歌驶进了发展中国家的心腹城市,畅行无阻。

由此不难看出,现代的意识形态侵略更加隐蔽,然而,人们处理这一威胁的能力与我们称之为媒体工业的工业机制、所有制体系,以及运作方式息息相关。它们提供最基本的大众信息和政治价值观,所有关键性的政策决定都是建立在此基础之上的。而日益国际化的传媒工业愈来愈强化其市场竞争力,阶级性的立场反而在一团和气中越来越不明显了,于是造就了这样的媒介现实:对于身陷媒介环境的受众来说,欲望是永远填不满的。我们只有在向国际化生活标准无限接近的努力中,才能达到心灵的短暂释然和"人生价值"的实现。在国际化的传播对决之下,我们清晰地看到,国际大都市的模式在那些最早接触到全球化传播的国家迅速铺

[①] 包亚明:《后大都市与文化研究》,上海教育出版社 2005 年版,第 16 页。

陈开来。大都市成为追求幸福的普通民众向梦想无限接近的通道和基地。事实上,大都市同时也意味着巨大财富的聚集之地和豪华的富人住宅区,五星级宾馆,为跨国精英们提供工作、娱乐和休息场所等。更重要的是,棚户区通常是处在豪华富裕的丰碑所产生的阴影里。因此,不平衡增长与不平等是后发展国家都市化的显著特征。[①] 而这一过度都市化或是粗放都市化所隐含的文化侵略等负面效应,在推崇消费主义理念的分众影像传播的鼓动下日益凸显,影响范围日益扩大。

四、媒体产业的"自我解放"

在分众影像传播实践之初,其社会影响力令人吃惊。尤其是以创新性楼宇电视起家并因此显赫一方的分众传媒股份有限公司,在 2004 年上市之初,即筹集到近 1.72 亿美元的巨资,在 2006 年合并同业劲敌聚众传媒之后,市值飙升到近 15 亿美元,一跃成为继网易、百度之后市值最高的中国概念股。[②] 从技术层面上说,楼宇电视和城市电视的兴起宣告了泛媒体时代的来临。从 2002 年分众传媒的楼宇电视开始试播至今,一个几乎覆盖全国主要大中城市、拥有上亿主流消费者的中国最大户外媒体生活圈已经形成。楼宇电视由于有效锁定了传统电视较难覆盖的在流动中的高收入、高学历、高消费群体,因此迅速成为中高端商品分众影像传播不可或缺的重要组成部分。分众影像传播的横空出世,的确适应了这个社会创新求变的潮流,而且技术上的垄断远远超越内容创新的影响力。从社会广度和深度上来讲,分众影像传播的内容其潜移默化的影响更为透彻,但技术所能带来的时代突破确实令困顿的传播者耳目一新。对于新媒体技术的强大占领性,斯图尔特·布兰德这样形容:"当一种新技术

---

① 包亚明:《后大都市与文化研究》,上海教育出版社 2005 年版,第 16 页。
② 分众传媒控股有限公司网站:http://www.focusmedia.cn。

铺天盖地而来时,如果你不能成为压路机的一部分,就只能做路基的一部分了。"①而卷入这种技术革命的传播者们,无论是楼宇电视的引领者江南春还是后起之秀虞峰,都甘于在其裹挟下自我沉醉,渠道的神奇魔力让媒体产业从内容的困窘中解脱出来,尽情地享受技术带来的丰厚利润。一时间,只做广告成为江南春们最狂放自信的企业宣言。与此同时,伴随这种媒体产业的"自我解放",分众影像传播所服务的广告商的利益对整个大众传媒产业结构和传播内容施加了巨大影响力。内容产业的缴械让路,使得专享渠道的广告商有了史无前例的发展自由。广告的巨大预算促进了投资者经济力量和控制权的集中。广告费用越来越高,意味着只有大企业才有实力获得竞争优势,这也意味着为数较少的垄断企业将成为媒体产业的主要"赞助人"。市场经济中"看不到的手"亦使得媒体产业走向集中和垄断,而由此滋长起来的内容生产商也因循着广告赞助商的价值取向进行再生产。这样的后果其实是限制了信息传播的渠道和内容,使传播内容向着狭隘的消费主义方向无限趋近。广告因而具有了对媒体的"非广告"常规内容施加影响的能力。

在这种市场调控的背景下,媒介的"硬环境"(客观反映真实世界的能力)越来越弱,而"软环境"(传播者有意或被迫带着"有色眼镜"所建构起来的媒介环境)越来越强。于是,媒体产业的发展在跳出内容困顿后又陷入了新的瓶颈。虽然我们看到了城市电视的出现,广告之外的传播内容重新走上荧屏,尽量满足着受众不断滋长的对客观、全面、公正信息的需求。但这能否将媒体产业再次"解放"出来仍断言尚早。正如美国俄亥俄州州立大学的约翰·威克莱恩的警告:"所有传播模式在数字世界的整合,除了给生活在其中的人们带来电子噩梦之外,其他方面将一无所

---

① http://book.ce.cn.

获。"①在众多的"现代发明"中,人们往往对其有一种迷信的幻觉。但这些发明并不总是带来积极的进步,罪恶往往伴随在新发明的早期和无数不断的投资之中。我们的发明早已习惯性地作为一种美丽的玩具,这种东西正在分散着我们对待严肃事情的注意力。新发明提供了一种改进的方式,却造成没有改进的结局。② 生活水平的提高帮助人们脱离低级的生存需要,进而追求更高层次的社会认同和自我价值的实现,社会族群趋向个性化、部落化、知性化,要达到深度有效的沟通,必须要重视传播内容的选择和构想,重视其心理和感情的附加值,这对于分众影像传播并非难事,因为在同质化社会里,分众影像传播技术上的优势迟早会消失殆尽,但其受众的心理忠诚度以及对传播内容的满意度却能相对持久,这对分众影像传播的健康发展才是最重要的,进而媒体产业的"自我解放"才有真正实现的可能。

---

① 〔美〕约翰·帕夫利克著,周勇等译:《新媒体技术——文化和商业前景》,清华大学出版社 2005 年版,第 10 页。
② 同上,第 276 页。

第十一章　手机影像传播的新发展

随着科技的发展,手机承载着当代最新兴的技术手段,超越了最初单一的通讯功能,成为了集通讯、上网、拍摄等多功能于一身的几乎全能的数码产品。其中,便利、自由的拍摄功能及网络传播功能,使手机由传统的通讯工具摇身变为新型的影像制作与传播工具。而且,与广播、电视等传统媒体不同,手机自身既是影像传播主体,也是影像接收主体,这种具有双重视觉传播功能的传播方式,滋生了一个独特的影像传播范式。至此,大众传媒家族又增添了一位新成员:手机影像传播。

第一节　手机影像传播的积极作用以及伴生问题

当前,手机影像传播在向着两个方向快速发展:一是作为影像接收终端的手机电视备受业内外关注;另一个则是作为记录影像的新兴拍摄工具得到广大使用者的青睐。前者不仅丰富了影像传播的内涵,而且以便携特征弥补了家用电视、网络电视、移动电视,甚至楼宇电视在空间方位和时间时段等方面的选择性局限。而后者则倚仗着记录、创作、传播多元化的综合功能,在影像拍摄和制作领域里与 DV、DC 机一争高低。在技术要素上,具有摄像功能的手机,采用数码信号,图像质量已经达到家用

DV、DC 的水平，加上小巧、轻便、自由、便宜等特点，其传播功能可以随时、随地和随意实现。

一、手机影像传播的积极作用

　　成熟的技术为手机摄像带来功能提高和成本降低的双重效果，这一革命性的变化使手机影像传播不再受制于高额的成本预算和难以接近的专业门槛，成为普通民众乐为也可为的影像传播方式。

　　手机影像传播促成了一种新兴的影像记录和传播方式。作为一种个人化的影像摄录工具，手机带给人们更多的是方便、简单和自由。当前手机影像传播在流行的语义中，通常涉及以下几种含义：一种"带着体温"的拍摄工具，一种个人化的记录方式，一条独立的小型视频编辑线，一种"自媒体"的传播方式。然而，我们对一种新事物的理解，不应简单地停留在技术层面，而是应该拓宽到更为广泛的视野。因为人类历史上任何一次技术的革新，最终的结果总是引起人们思维观念的更新、生活方式的改变，甚至社会体制的变迁，进而对社会发展的进程产生深远的影响。

　　首先，作为一种个人化的记录方式，手机影像传播不仅聚拢了大量离散的创作主体，并且极大丰富了民间影像创作的内容。手机影像传播在经历了传播者最初的惊奇和好玩后，现正进入从量变到质变的升华阶段。其核心价值在于，拍摄者能够透过其思想境界、文化素养和道德意识形态等综合因素客观地反映社会现实，记录自己眼中的大千世界，表达个人的思想意识，体现一种独特的价值取向，张扬自己的人生风格等。而体现这种变化的标志是大量来自不同背景、不同知识结构、不同意识形态拍摄者的影像内容，在自身各种特性及外部大环境的影响下粉墨登场，从而出现了一种具有特定历史条件下的有别于一般专业影像传播特点的平民化的影像传播现象。这种民间性的影像记录方式不会被所谓的专业观念所限制，每个人都有自己的视角和偏好，从而形成了一个无所不包的"影像库"。

其次,作为一种人体延伸的传播工具,手机影像传播延伸并拓展了人类的思维。按照麦克卢汉的观点,一切传播工具都是人体的延伸,一种传播工具对个人与社会的影响,是其新的功能所造成的。但在人与传播工具的关系上,麦克卢汉却未能明确地揭示出人体的这种延伸所具有的哲学、美学、文化学的内涵。人不是传播工具的奴隶而是主人,并具有主观的创造性和创新性。以手机的拍摄镜头为例,它不仅仅是人眼的延伸,更是人类思维的拓展。当人们掌握了这种现代化的传播工具后,它为人类观察世界、了解世界、思考世界提供了巨大的潜能。

第三,作为影像传播形式的一种,手机影像传播以其特有的技术手段,具备了独有的文化特征,产生了一种有别于其他大众形式的影像文化。因为,带有拍摄功能手机的普及必然会造就大量的活动影像,人类社会开始拥有一个极其丰富的民间影像资源库,进而成为影响人类的"公共记忆"。在经过若干年的沉淀后,这些"公共记忆"就会变为一种独特的社会文化财富,成为考究中国历史的独特的"活化石"。这种真实记录了当代人千姿百态的生活影像,以及渗透其中的文化内涵,无论是对当今的现实社会,还是对我们的子孙后代,都将成为无价的文化财富和社会宝藏。

第四,作为一种低成本、高效能的影像传播工具,手机影像传播带来的是一种时代话语的自由表达。这主要表现在对昂贵器材资源的占有不再是那些专职机构的优势,尤其对那些不掌握专业影像技术的普通百姓来说,终于从昂贵器材资源的屈从中解放出来,获得了用画面交流和表达的话语空间。亚历山大·阿斯特吕克在其1946年发表的《一个新先锋派的诞生》中曾经"把今天这个新的电影时代叫做'摄影笔时代',运用摄影机写作的时代"①。而今天的时代就是一个"手机时代",一个运用手机进行个人写作和自由表达的时代。在某种意义上,手机影像传播代表的是

---

① 〔法〕马塞尔·马尔丹著,何振淦译:《电影语言》,中国电影出版社1980年版,第215页。

一种真正个人化的表达方式，成为了人们能够表达自己思想的理想工具。事实上，手机影像传播解构了一种影像权力，并且是一种深层次上的解构，就同摄影技术解构了中世纪帝王将相们的肖像权一样，手机影像传播的出现又进一步地用民间的形式解构了当今社会影像表达的集权。它让每个大众都拥有了这种影像自由表达权。如果每个人都能恰当地运用好这种权力，那么，这个社会就增加了无数双观察人生、透视社会、监督社会的眼睛。

第五，手机影像传播改变了传统大众媒体的传播模式。如果说 DV 已经使影像传播走近普通人的话，那么手机影像传播几乎就是影像传播"泛平民化"的终极表现。700 万像素，3/5 倍数字自动变焦，闪光灯，可手动变焦，快门速度每秒 1/2000th 等等，一系列数据和功能指标让人混淆了手机和 DV、DC 的界限。加上手机影像传播具有的便利性和隐蔽性，拍摄者可以随意拍摄并且完全不会引人注意。正是有了这样的手机，我们才有了许多认识"巴士阿叔"之类的乐趣。所以，"在不同国家的文化中，手机赋予了静止时间和过渡空间新的含义"①。发生在 2006 年香港公共汽车上的"巴士阿叔"事件，就是一个因手机拍摄而起，经网络再传播后而引起社会各界广泛注意和讨论的"文化事件"。由于人人都可能成为任何事件和事发现场的记录者，所以，手机影像传播将在某种程度上改变现有大众媒体的传播模式，即由"受众—传者—受众"的传播模式影响原来单一的"传者—受众"的传播模式。大量掌握在平民使用者手中的手机将变成电视台的"采访话筒"、"摄像机"和"发射塔"。伦敦地铁爆炸案被手机拍到并迅速通过网络传播出去，同时又被其他电视媒体相继采用就是一个标志性事件。这对传统新闻传播手段来说具有划时代的意义，因为普通大众也可以作为新闻传播的源头和传播者，而不再局限于专业记

---

① 《国际金融报》2006 年 08 月 15 日，第 4 版。

者。从传播学角度而言,这种民间的影像传播,实现了传播者、接受者、信息制造者和把关者四者集于一身,原来意义上的受众也成了传播主体。因为手机影像传播"可以是完全个人化的人际传播,纯粹地为了满足个人表达自我,发现真实"[①],进而传播真实。随着手机影像传播的不断深入人心,越来越多的突发性新闻事件和事发现场将被手机记录下来并传播开来。由此,受众从旁观者变成了参与者,进而变成了行动者,因此谁也不会低估这种传播模式下"参与者"和"行动者"的力量。

二、手机影像传播的伴生问题

如同所有的新兴事物一样,手机影像传播在其发挥积极作用的同时,也伴生了一些不容回避的问题。因其持有者的个体性、信息表达的主观性以及传播渠道的开放性,导致手机影像传播从一开始就具有管理难、控制难、把关难、监督难等特点。相对于电脑、电视等传播媒体,当前手机影像传播属于法规约束最少的一种传播形式,其伴生问题主要表现在使用者在手机拍摄过程中的道德伦理问题,以及在传播中的法律责任问题。对这两个问题的考察与探究,其目的是使手机使用者要充分认识到在手机影像记录与传播中应承担起自律和他律的责任与义务,这也是保障手机影像传播健康发展的一个必要条件。

(1)手机影像传播的道德伦理问题。这里的道德伦理问题主要指手机影像传播中出现的一些与民族文化、伦理道德相悖的现象。这些现象不仅在一定程度上侵犯了他人的隐私,有时也在不经意间伤害了他人的感情,有时更是造成始料未及的严重后果。之所以产生这样的问题,主要源于手机传播是十分随意、独立、自由的拍摄与传播方式。人们只要有一

---

① 〔美〕沃纳·赛佛林,郭镇之等译:《传播理论——起源、方法与应用》,华夏出版社2000年版,第233页。

部具有拍摄功能的高性能手机,就可以想拍什么就拍什么,想编什么就编什么。拍摄是个人自己的事,拍摄什么内容也是由自己来确定,人们完全可以如同写信和写日记一样,方便地进行自由的影像写作和表达。这样,许多影像信息是在被拍摄者不知情甚至不情愿的情况下完成的,至于以拍摄者主观意识加工后形成的影像作品,就更不是被拍摄对象能够控制得了的。

所以,当人们在享受技术带来的种种便利的同时,自己的身体也已经成为被手机监视的一部分。手机无与伦比的随身性和隐蔽性完成了在福柯看来也颇具技术难度的"全景式监狱"①的轻松建造。在多媒体技术的"进化"作用下,手机的全球定位功能、拍照、摄像功能等等已经可以让你的身体时刻"在场"②。例如,就连一向戒备森严的绞刑室里,萨达姆被施以绞刑的现场和过程,也由一位现场的警卫用手机偷拍下来并在网上广为传播。显然,手机越来越多的功能为暴露个人隐私提供了廉价、易得的手段。在不可能的时候,人们对窥探别人隐私的好奇呈压抑状态;当轻而易得时,暴露隐私的活动可能泛滥。有时可能是恶搞开玩笑,有时可能是为了经济利益,有时可能是为了报复发泄,有时可能是为了政治目的,等等。但是无论哪种可能,最可能的则是对当事人造成严重的打击和伤害。手机影像传播的道德伦理问题,从下面两种情况中可见端倪。

作为公众人物,也有一些只适合控制在小范围内的事情,此类事情被拍摄到并广泛传播后,产生的后果则不仅仅涉及当事人本身,有时还会引起一系列的连锁反应。例如,2007年年初,印尼数以万计的手机用户和网民收到了一段通过手机和电子邮件发来的性爱视频。在这段明显是用

---

① 英文为 Panopticon,最初由英国功利主义哲学家边沁提出,后由法国哲学家福柯引入社会学研究。他认为社会是由权力的隐形网络来得到保障的,并形成了无处不在的话语和监控体系。——编者注
② 《手机人》,《新周刊》第243期专辑。

手机拍摄的画面中,男主角是位部长级人物。性爱视频曝光后,立即在印尼引发一场"政治地震",迫于巨大的社会压力,男主角后来申请辞职。

普通人生活中常见的现象,被拍摄并公开化传播后,也会对当事人产生难以预料的负面伤害。譬如在某大学就曾经发生过这样一件事情:一位女生,白天和她男朋友在校园一角有亲热行为,碰巧,其行为被路过这里并拿着手机的一个好事者给偷拍了下来。令女生想不到的是,这个好事者竟把这段手机影像传到了网上。片子流传开了以后,同学们议论纷纷,该女生觉得无脸见人,最后被迫退学,而那位好事者则受到了被开除学籍的处罚。此类事例,在手机影像传播已成趋势的今天,并不是个别现象。全世界几亿部具有拍摄功能的手机,对人类社会的隐私权构成了极大冲击。无论是在拥挤的公共汽车上、购物中心的试衣间,还是游泳池的更衣室、公共厕所里,这些在过去一向被认为相对安全的公共场所,普通人的隐私也可能遭到侵犯。

(2)手机影像传播的法律责任问题。这个问题其实是对上一个问题的进一步探讨。在道德与法律的关系中,道德是感性的,法律是理性的。道德象征着文化沉淀由人们自愿遵守,法律体现着统治威严可强行制裁。任何社会的和谐与协调都是来自于道德引导和法律约束双重规范,而任何不和谐的社会现象无一不出自道德缺失或法律漏洞。而手机影像传播是法规约束最少的一种传播方式,对手机影像传播缺乏有效管理和有力监督,是该领域问题频生的直接原因。鉴于网络已经成为满足民间影像传播的一种理想平台,一些人喜欢将自己用手机拍摄的内容在网络上传播,这就把手机影像传播的范围扩大到了网络领域,无形中增大了问题的复杂性和管理难度。如果说强化道德伦理可以让人们自觉克制内心里窥探别人隐私的好奇,以及无节制的恶搞玩笑,从自觉自愿的角度还手机影像传播一片纯净蓝天的话,那么,法律体系的健全,则可以用强制的手段摈除个别人建立在自私自利、发泄报复,以及在不正当目的基础上的不良行为,从法制的层面为手机影像传播拓清一条健康的道路。

许多国家和地区已经意识到这些问题的严重性,加大了限制可拍摄手机的使用范围。例如在英国,健身房等场所的顾客不能携带可拍摄手机入内。在美国芝加哥,在公共浴池和淋浴间,未征得当事人允许,禁止对其进行各种形式的拍照和拍摄。在中国香港,律政司建议引用普通法的"破坏公共体统罪"控告偷拍者,以取代目前刑罚较轻的"游荡罪",疑犯一经定罪,最高可判入狱 7 年。而日本政府规定,禁止在公共浴室、更衣室、健身房、全国性政府机关等地点使用可拍摄手机。在中国,2006 年 3 月 1 日实施的治安管理处罚条例中明确规定:针对偷窥、偷拍(包括手机拍摄)他人卧室、浴室等隐私场所,或者窃听他人隐私的行为,将处 5 日以下拘留或者 500 元以下罚款。情节严重的,处 5 日以上 10 日以下拘留,并处 500 元以下罚款。应该说,以往的法律和道德多以调整物权为主,手机影像传播介入人们的生活后,产生了很多与此相关的新问题,而影像信息权力的界定和归属至今仍是一个空白,有关法律法规也不健全。也正因为如此,在手机影像传播活动中,强化社会道德和伦理规范的作用就显得特别重要。

总之,无论过去、现在还是将来,手机影像传播都应当有自己的道德标准和行为规范。一方面是整体社会公德对手机影像传播的约束与要求;另一方面,作为一种新兴的传播方式也要考虑自身对社会、对拍摄对象可能造成的负面影响。所以,手机拍摄者应该具备应有的社会责任感和使命感,对自己能够掌控的影像"时间"和"空间"负责。从这一点上说,这就要求表现形态非常感性的手机影像传播的核心价值观要非常理性。需要强调的是,在任何社会体系中的表达,必然是有限的表达,自由必然是有限的自由。因此,手机影像传播行为必须在自律和他律之间找到一个平衡点。人类在长期社会生活实践中所积累起来的各项规范和法律,也应该是手机拍摄者必须遵守的原则。要使每个手机拍摄者都明白,手机的拍摄虽然有极大的自由度,但只要内容参与公开传播,就必须受到社会基本规则的约束。那些过了"度"的个性内容,会因触犯行业规则,甚至触犯法律而受到严厉处罚。

第二节 手机媒体传播的新发展

作为一种可以将移动中的人群联系起来的新兴媒体,手机正以空前速度发展着。无论从使用人数、传播范围还是传播效果看,手机已经成为名副其实的大众传播媒体,更为重要的是手机媒体给人类带来了全新的生活方式。它不仅影响了人类的思维方式和社会行为,而且对整个社会发展产生了前所未有的影响,促动人类社会迈进了一个不同于以往的新部落时代。基于对麦克卢汉媒介理论的再思考,以下将从分析人类传播媒体部落时代的演变入手,立足手机媒体的新发展,阐述手机媒体不仅成为媒体技术和传播内容的集大成者,而且弥合了信息传播的时空界限。在进一步延伸了人体器官与感知功能的基础上,手机媒体更让人类身陷一个新的部落时代,并使得人人成为了"电子人",从而对人类社会产生了诸多新的影响。

一、人类传播媒体部落时代的演变

著名传播学者麦克卢汉认为,"一切技术都具有点金术的性质。每当社会开发出使自身延伸的技术时,社会中的其他一切功能都要改变,以适应那种技术的形式。一旦新技术深入社会,它就立刻渗透到社会的一切制度中,因此新技术是一种革命的动因。任何媒介(即人的任何延伸)对个人和社会的任何影响,都是由于新的尺度产生的,我们的任何一种延伸

(或曰任何一种新的技术),都要在我们的事物中引起一种新的尺度。"①根据这一理论,麦克卢汉进一步指出,媒体技术的重要意义在于它对传播体系、社会结构、社会政治权力形式、人的思维方式等诸多变化所起的重要作用。从人类历史发展的角度来看,迄今为止人类传播媒体的发展依据传播技术的不同,可分为蒙昧的部落时代、部落化时代、脱离部落时代和重返部落时代四个阶段。

在前语言传播时代,无所谓真正意义上的媒介,当人们不得不交流信息时,彼此更多借助于实物而不是抽象的符号或专门的媒介。这个时期的人类从肢体到思想都没有得到延伸,人们只是固守着生理活动的时空范围,信息交流十分有限。人们感知和认识世界的方式是低级蒙昧的,可称之为蒙昧的部落时代。劳动创造了语言,语言的产生,对于人类的传播史具有重要的意义。人类最原始的媒介就是直接交流的口语媒介,口语媒介借助于人际间面对面的接触,通过身体和声音使信息得以传播,具有直观、形象、生动的特点。在交流信息的过程中,人们需要调动一切感官,而不能只突出一种感官,部落人就生活在这样一个感官平衡的听觉空间中,但由于受到听力范围的局限,人们必须生活在小空间的部落群体中,相互保持近距离的联系,这正是麦克卢汉所说的部落化时代。

文字的出现改写了人类传播史,它不仅克服了人类文化交流中时空的限制,而且发展了人类抽象思维和想象的能力。文字是视觉功能的强化和延伸,并打破了感官的平衡,削弱了听觉和触觉,使人用眼睛代替了耳朵,用线性的视觉价值和分割意识取代了整体、深刻、公共的互动,人们开始习惯于机械的、线性的思考。而印刷术则造就了文化偏重线性逻辑,强调同一性的特点,书面文化的发展强化的是同质化的力量。麦克卢汉认为印刷术产生了西方文明的一切:民族国家、民主制度、宗教改革、装配

---

① 〔加〕马歇尔·麦克卢汉著,何道宽译:《理解媒介——论人的延伸》,商务印书馆2000年版,第34页。

线、工业革命、因果观念、笛卡尔和牛顿的宇宙观、艺术中的头饰、文字中的叙事排列、心理学中的内省或内部指向等。因此,文字和印刷术使人类脱离了部落时代。

电子媒体的诞生具有划时代的意义。麦克卢汉认为,电子媒体的问世,废弃了空间的向度和时间的差异,摧毁了由印刷媒体导致的民族主义。经过电流或者电波的转换,声音和图像完成了远程投递,并且在这种远程投递之中保持声音和图像的即时性和逼真性。它使人的感官重新恢复平衡,使人们和谐相处并结为一体而"重新部落化",世界也由此摆脱分离与割裂而走向"地球村"[①]。以电子媒体为基础的媒介文化是人类文化的发展经过文字和印刷媒体向口语媒介更高层次的回归。它既具有口语媒介的直观直觉性,也能像文字符号一样克服人类直接交流中的时间限制。同时,由于电子媒体使文化重新通过声音和图像得以传播,从而清除了文字印刷媒体的文字符号对大众的限制。因此,电子媒体使人类重返部落时代。

而网络媒体的出现,使麦克卢汉所预言的真正意义上的"地球村"成为现实。在网络世界中,传统的权威开始被颠覆,信息权利与信息资源已被分散到万维网的每一个终端,造成了无数分散的中心,网络媒体不仅是阅读、收听、收看的中心,而且是创造、编辑、生产、传播的中心。它高度兼容并整合着视听感官,打破了声音、文字和图像等媒体之间的形式壁垒,强化了人与人、人与机、机与机之间多形式的实时、人性化的互动,"受众"的概念从"大众"向"分众"及"个体"演变。当手机普及后,它进一步影响了人们的感知和行为方式,改变了人们的思维方式和社会化进程。因为手机媒体的存在和发展,人类交流的方式发生了前所未有的变化,对世界的认知也产生了革命性的变革。手机媒体的新发展不仅为麦克卢汉所说的人类部落时代

---

① 〔加〕马歇尔·麦克卢汉著,何道宽译:《理解媒介——论人的延伸》,商务印书馆 2000 年版,第 30 页。

的演进增添了崭新的内容,而且对人类社会产生了各种新的影响。

二、手机媒体成为媒体技术和传播内容的集大成者

麦克卢汉认为,"任何媒介的'内容'都是另一种媒介。文字的内容是言语,正如文字是印刷的内容,印刷又是电报的内容一样"。[1] 因为一种媒体的影响之所以广泛强烈,正是因为另一种媒体变成了它的内容。事实上,当我们探究后就会发现,一种新的媒体技术的问世之所以迅速地使另外一个甚至多个媒体技术"过时",重要的原因在于其他的媒体成了该媒体的内容,而该媒体又满足了人类不断变化的需要。手机媒体正是这样一种能够全方位融合媒体技术和传播内容的新兴媒体。手机可以当作一支笔,用来记录工作或学习的日程,就像一本小型日记;手机是个备忘录,如果有重要事务,可以设置响铃,到时手机会像闹钟一样做提醒;手机又可当做信用卡,成为一种安全、便捷、快速与时尚的支付和票务工具;手机也是播放器,集收音机、MP3、MP4 于一身,到处可以看到头戴耳机、手拿手机的少男少女们边欣赏音乐边发短信聊天;手机还是地图,装上了GPS 卫星定位语音导航系统的手机可以给司机指路。手机既是电话又是照相机,还是 DV、录音机、收音机、电视机、电影放映机等等,人们可以用手机来完成其他媒体完成的事务。更重要的是,一部手机的功能不是固定不变的,它的功能可以由手机用户自己去开发和拓展,从而变成智能手机。它就像个人电脑一样,具有独立的操作系统,可以由用户自行安装软件、游戏等第三方服务商提供的程序,通过此类程序来不断对其功能进行扩充,并通过移动通讯来实现无线网络接入等等。有学者认为以互联网为中心的网络媒体把人类常用的各种媒体都包容了进去,将来会成为各

---

[1] 〔加〕马歇尔·麦克卢汉著,何道宽译:《理解媒介——论人的延伸》,商务印书馆 2000 年版,第 23 页。

种媒体的"集大成者"和"终结者"。但笔者认为,目前为止,计算机终端体积过于庞大而无法方便地携带和移动,不可能包容各种移动性的媒体,而手机媒体则最有可能实现这一目标。

三、手机媒体弥合了信息传播的时空界限

手机媒体不仅把其他媒体变为自己的内容,而且延伸了人体的机能,使人能够在移动状态下收发信息。与其他媒体相比,手机媒体的移动性是其最重要的特征之一。但其"'移动性'不能被单纯定义为地理位置上的改变,而是一个更为广泛的概念,我们至少应该从人类交往中三个互相联系的维度来理解,即空间、时间和情境"。[①] 在这里,"空间"代表地理位置的移动,它是手机应用最直接的特点。"时间"则是空间移动的结果。有了手机,人们的生活节奏加快,人与人之间的交往节省了许多时间,人们可以在任何时候使用手机进行沟通和交流。而第三个维度"情境"则是研究手机给社会带来影响中最关键的一个方面。"情境"移动是指人们会在不同的情况下使用手机,人与人的交往再也不受情境的限制,人们变得更加自由,"情境"在人际交往行为中扮演着非常重要的角色。由于"移动电话技术的关键特征是体积小,永远在线而且永远被链接,手机的'移动性'和'永远在线'使得它在社会中扮演着重要的角色"。[②] 正因为手机可以实现移动状态下的传播,时间和空间的分离不复存在,到目前为止,手机是唯一能将时间与空间完全整合到一起的媒体,由此人与人之间的交往方式改变了,与手机有联系的社会行为也受到了影响。人类过去也尝试用媒体达到时间与空间的整合,比如发明可随身携带的收音机、MP3、

[①] Kenichi Ishii:《移动的影响:个人交往媒介在日常生活中的应用》,《传播学刊》56 期(2006 年),第 346 页。

[②] *Wireless world: Social and Interactional Aspects of the Mobile Age.* Barry Brown, Nicola Green, Richard Harper, 2002, London, UK: Springer.

DV机等,但它们要么只能接收信息,要么只能发送信息,只有手机实现了将距离的远近和时间的差异缩短为无穷小,达到极限,从而让信息的传递达到速度的极限(电子或光的速度),实现了人类对媒体的最完美构想,也使得信息通过全时空的"移动"全面地渗透到了我们的日常生活当中。从此,动与静的界限消失了,不管你是坐在家里的沙发上,还是坐在奔驰的列车上,你的状态对于手机另一端的亲朋好友来说,已经没有任何区别。因为手机的移动性,无论我们在哪个角落,都可以在第一时间获得信息。如今社会生活节奏越来越快,人们对信息需求的速度不断提高,将有越来越多的人选择使用手机获取信息。另外,手机不仅成为信息接收终端,而且还是随时随地的信息发送设备,带有摄像和摄影功能的手机还能为人们记录日常生活的真实影像并能择机随时发送出去与人分享,从这一点看,任何其他媒体一时难以超越。

四、手机媒体进一步延伸了人体器官与感知功能

"媒介是人的延伸",麦克卢汉认为,媒体对信息、知识、内容有强烈的反作用,它是积极的、能动的、对信息有重大的影响,它决定着信息的清晰度和结构方式。媒体与人的关系是相对独立的,但反过来讲,媒体对于人的感知有强烈的影响,不同的媒体对不同的感官起作用。书面媒体影响视觉,使人的感知成线状结构;视听媒体影响触觉,使人的感知成三维结构。[①] 麦克卢汉理论的继承者和拓展者保罗·莱文森认为,技术通过模仿甚至是复制人体的某些功能、感知模式和认知模式,从而改变人的感官和行为。在人类发展的历史长河中,人类总是试图延伸自己的器官,以抵抗外界的压力,获得身心的平衡。在麦克卢汉媒介理论的视野中,衣服是

---

① 〔加〕马歇尔·麦克卢汉著,何道宽译:《理解媒介——论人的延伸》,商务印书馆2000年版,第42页。

皮肤的延伸,用来抵抗寒冷;轮子是脚的延伸,用来抵抗远途奔走的疲劳;口语是思想的延伸,用来表达思想;电话是耳朵的延伸,用来听远处的声音;而电子媒体则延伸了人的中枢神经系统,是一次从技术上模拟意识的延伸。但这次延伸并没有延伸人类的所有器官功能,也没有实现延伸人类自己,因为不管是电视、电影还是电脑等电子媒体,都没有解放人类的手,延伸人类的腿。人们不得不用手指敲打键盘,不得不在室内收发信息,而无法到室外享受大千世界的美妙,从而获得身心的自由。但是只有走出室外,才是人固有的天性。而手机解放了人类的手,人们可以通过语音控制(即声控菜单)来接听或拒绝来电。与此同时,手机还延伸了人类的腿的机能。在技术时代之前,人们可以边走路边说话,用整个感官来认知世界。技术的发展,割裂了人的器官,人的整体性开始分裂。人们只能用眼睛看报纸、用耳朵听广播,要不就是坐在家里上网,而不能将腿与其他器官整合为一体。手机将过去被割裂了的感官又全都整合起来,使人类恢复到以前的整合状态,人们又可以边走路边说话,达到最自然的交流状态。就目前的技术发展水平来看,手机使人类可以延伸的感官都得到了延伸,媒介技术在这个历史阶段已经接近完美,可以说,手机在人体的延伸方面达到了前所未有的新阶段。

五、手机媒体使得人人成为"电子人"

如果说电子媒体使人类重返部落化,形成了一个麦克卢汉笔下的"地球村",那么手机媒体则让人类身陷一个新的部落时代。这个部落时代的特点就是每个部落成员都以手机为交流工具,这是一个每时每刻都能互相联络、能够消灭数字鸿沟的新部落时代。在这个新部落时代,人人都是"电子人",手机设备由外置变成内置,手机已经成为人身体的一部分,手机式通信已内化为身体机能,就像一个嵌入人体内部的电子芯片,人们能够依靠它完成人际交流、移动商务和无线娱乐等一切功能。拥有手机的人从此成为了多功能的、具有特别内涵的"电子人",其能掌控的范围远远超出了人的肌体本身所能到达的范围。人们每时每刻都通过手机与外界维持通信,每时每刻都身处一个电子通信网络。人与人的关系基于这个无线通讯网络而存在,人们都处在这个网络的交点上,与其他交点上的人时刻保持着联系。人类回归了口耳相传的时代,但传递信息的方式远比原始时代快捷方便,传递的信息内容则是前所未有的丰富和久远。也许我们会每天坐在电视机前,但那也许只是晚饭后的几小时;也许我们会阅读报纸,但它早已是网民数量激增的最大受害者;也许人们会上网,但网络普及率比起其他媒体来依然逊色。[①] 而手机则24小时陪在我们身边,伴随我们的生活,目睹我们的一举一动。最极端的例子乃是许多澳大利亚人对自己的手机都怀有深厚而持久的感情,以至于死亡也无法将他们分开。澳大利亚葬礼承办者发现,越来越多的人选择让死去的亲人与手机一同下葬。[②] 如今,许多人都患上了手机依赖症,手机没有带在身边就心烦意乱,无法安心工作,坐卧不宁,一段时间手机铃声不响就下意识地看铃声设置是否正确,经常把别人的手机铃声当成自己的手机在响,脾气也变得暴躁起来。随着手机在中国的普及,特别是年轻人手机拥有率的提高,越来越多的中国年轻人开始被"手机依赖症"困扰,人们已经越来越离不开手机。手机新部落时代形成了一种新的、基于手机而存在的社会,可以称之为手机社会,它是当代现实社会非现实的核心。手机媒体的同步性和贴身性,使人类结成了一个密切相互作用、无法静居独处而又紧密相连的社区,人们在这个部落群体中无时无刻不处于曝光状态。隐私的概念被瓦解或重构,公共与私人的界限变得模糊。

手机改变了人们获取信息的时间和空间,人类的感官模式变为一种电子人式的感官模式,它改变了人们的行为和社会认知方式。比如,因为

[①] 喻国明:《网络崛起时代:北京人媒介接触行为的结构性变化及其特点》,中华传媒网。
[②] 《手机陪葬》,《参考消息》,2006年3月13日。

手机短信缺少人际交往的最主要元素,即声音语言、身体语言、面部表情和身体接触,一些社会学家认为,手机短信会影响年轻人与他人面对面交往的能力,人际交往开始缺少深度,甚至出现人际交往的冷漠和拒斥的态度。用"拇指说话"的习惯不仅造成了人的语言能力、阅读能力和人际交往能力的下降,而且也会影响人们吸收和反省知识的能力,人对信息的感知理解成平面化、仪式化发展趋势。可见,虽然手机是一种"现代化"的高科技产品,但使用不当就不能推动人们素质的普遍提高和全面发展,反而有可能阻碍人的"现代化"过程。当人们的思维能力、阅读能力都呈现简单化、平面化趋势的时候,人能否更快地适应新的现代生活环境,积极推动现代社会的发展,将是一个未知数。在手机新部落时代,人们已经无法摆脱手机的诱惑而深受其影响,和20多年前的电视机一样,手机也正在改变着人们的生活方式。生活在地球上的所有拥有手机的人融为了一个整体,人与人、人与社会相互依存、相互影响,使得社会形成一种新的部落化结构。

从某种意义上说,人类社会的发展史,就是一部传播媒体变迁史。人为了生存就必须同外界打交道,信息交流自然不可或缺,而信息交流离不开传播媒体,传播媒体正是随着社会生产力的发展而不断发展和变化的。人类在创造并驾驭媒体的同时也被媒体不断地渗透和左右,媒体正在重新改造世界,影响甚至改变着人类的生活方式、思维方式和价值观念。

第三节 手机新部落文化的形成、特色及反思

手机时代的到来已经形成新的媒介文化指向。无论从传播技术、内容需求和传播效果看,手机新部落文化将对传统文化、主流文化、精英文化造成前所未有的冲击和影响,人类社会呈现出一种独特的手机新部落

文化景观。对于这种文化景观,人们不仅要加以理性的分析和评判,而且更要洞察和反思它给人类社会带来的潜在隐忧。在此,我们着意反思手机新部落文化给社会文化建构带来的各种危机,以免人们深陷其中,随波逐流。

一、终结传统——手机新部落文化的形成

技术,不仅给人类社会带来新的生活方式、新的社会结构,也带来新的文化形态。作为拥有高科技装备的大众媒体,既是文化的重要组成部分,也是建构文化的一个重要角色。就质或量的观点来说,在资本主义高度发达的20世纪,大众媒体在文化领域已经取得决定性的主导地位。只有通过大众媒体传播,文化才能成为联接人类社会交往的中介,成为社会结构的重要黏合手段。不仅如此,媒体的重要性还可以从其演变的历程中体现出来:在口语时代,人类只能在特定空间区域内传播语言但不能保存,文化被部落化;在印刷时代,文化可以较长时间地在空间上延续下去,并能传播到较远的区域,但由于书面语只有一部分人掌握,因此它成为了权贵阶层控制、阐释的工具,成为了精英文化的代名词,人类进入书写文化时期;在电子传播时代,电视、广播等电子媒体成为孕育大众文化的摇篮,形成了一个麦克卢汉笔下的"地球村",人类重新部落化;在新媒体时代,人类则身陷一个新的部落时代,各种新兴媒体进一步重构了既有的文化形态,从深层上制约和影响每个个体和每一种社会活动,进而形成一种主导性的新部落文化形态。

在构建这个新部落文化形态的过程中,手机媒体独树一帜,以其鲜明的传播特性,彻底改变了人们获得和传播信息内容的方式。即不同的人可以用不同的方式传递不同的个性化内容,不同的个性化内容可以被不同的人接收和再传播。各种社会思潮、思想理念、价值观念都会通过手机这一互动性的传播媒体自由地向社会各个方向渗透,社会控制将逐渐弱

化,主流意识形态将不再占优,经典权威将逐渐消解。尽管同属新兴媒体的其他网络媒体也能使人们享有自由表达的权利,但当下因其普及率还不够高,并未在真正意义上使每个社会成员能够享有这一权利。于是,手机率先创造了一个多元、开放、自由的媒介环境和文化氛围,构筑了一个别具一格的手机新部落文化体系。在这个手机新部落文化体系里,生活在地球上的人将融为一个整体,彼此依靠某种共同的思想和价值观相互依赖,部分和整体相互依存,相互影响。更为重要的是,这个文化体系使得人人能够生活在一个处处皆中心、无处是边缘的深度联通和相互依赖的无限时空,而这个无限空间将成为打造和形成每个成员特有文化品格与价值观念的温床,进而凝练为整个文化体系的特色。

二、解构经典——手机新部落文化的特色

在中国当代文化批判的研究中,有一批学者认为文化工业的本质就是反文化,参与文化工业制造的人真正关心的绝不是什么"文化",而是最大限度地获取利润。手机媒体虽然没有像电脑、电视那样诱使人们学习预置好的各种"神话",但目前手机媒体传播的文本和符号依然是一种工业化的"快餐文化"。无论从传播技术、内容需求和传播效果看,手机新部落文化将以其鲜明的传播特色对传统文化、主流文化、精英文化造成前所未有的冲击和影响。

(1)娱乐性。文化娱乐是大众媒体的一项重要功能。从《快乐大本营》到《超级女声》;从《幸运52》到《红楼梦中人》,大众传媒制造了一个庞大的娱乐产业。随着经济水平的提高,人们的生活需求已由追求单纯的温饱提高到追求质量和品位。在发达国家,休闲产业是国民生产的主导产业和国民收入的重要来源,成为国际公认的高利润产业。[1] 在中国,从

---

[1] 崔欣、孙瑞祥:《大众文化与传播研究》,天津人民出版社2000年版,第279页。

经济、文化与社会发展的总体水平看,休闲时代的到来尚需时日,但在消费结构上,休闲消费支出呈明显上升趋势。如今,娱乐至上似乎已成为一种主流,手机在其中无疑起到推波助澜的作用。手机作为一种新兴的大众媒体,其重要功能之一就是提供娱乐。手机和娱乐好像天生一对,不管是最初的诺基亚 8250,还是先进的苹果 iPhone,几乎没有哪一款手机不附带有内置游戏,与手机小说、手机电影等新"玩意儿"并驾齐驱,在我们繁忙的工作间隙提供或多或少的消遣。

  实际上,手机的娱乐性有其深刻的社会背景。人们现代生活的压力非常大,节奏非常快,在为工作生活烦心之余,往往希望大众媒体能够提供消遣和娱乐,能够帮助人们释放日常生活中的压力和负担,从而获得一种情绪上的解脱。无论是手机短信、手机电影还是手机小说,手机媒体传播的大多数内容都是用于娱乐。我们在汽车站等车时,在坐火车时,在排队时,常常拿出手机来把玩:听一首歌、看一段电影、读一则笑话、玩一会游戏,等等。手机不仅是简单的通讯工具,更像是一个数字娱乐中心。就在刚刚过去的几年里,电视媒体中娱乐的泛滥、众多年轻人对娱乐节目疯狂的痴迷曾经引起批评界的担忧和反思,对于扑面而来的手机娱乐,我们是否有足够的心理准备呢?手机娱乐洪流是否会带来另一次批评话语的浪潮?

  (2)简约性。一条手机报新闻只有一到两句话、一部手机小说只有几十个字、一部手机电影最多十来分钟。手机报、手机小说、手机电影的简约是它们共有的特色。但是,简约并不一定不包含深刻的道理,以手机文学为例,很多手机短信文学"是对汉语的一种魔方式的拼贴,其中运用很多隐喻、双关语、藏头诗、回形诗等写作的方式,表现了现代反讽的精神、狂欢的气质、幽默感等,其中很有文学性。"①很多手机文学语言虽然简

---

① 石寒:《短信文学浪击文坛》,《潇湘晨报》,2004 年 8 月 6 日,A12 期。

短,但运用特有的修辞技法,独特的表现力,常常"言已尽而意有余"。手机文学改变了文学传播方式和阅读习惯,也改变了文学的文体形式。

然而,如此言简意赅的文字毕竟是少数,大多数手机小说从其简短的字里行间并不能发现任何深邃的内涵。这种"快餐文化"会不会带领我们走向一个极端?当人们习惯于几十个字的小说和两三分钟的电影时,还会不会静下心来安坐几个小时去欣赏高雅经典的文艺作品?我们会不会在追求速度的文化语境中迷失自我?遥望历史,中国人一直是追求内心的深刻自省,不管是在国家富强鼎盛、文化豪迈恢宏之时,还是在国力衰颓式微、民族危难之秋,中国人始终都固守坚定的信念,用理性而深炯的目光观察世界,用睿智而隽永的文字反思自身。然而,当今经济的发展、国内生产总值的不断攀升、股市的暴涨,使人们丧失了静穆心田的真诚自省,人们开始执著于短暂的利益诉求或一笑而过的娱乐。令人担忧的是,手机简约性文化的浪潮,不但强化了这种目光短浅的利益诉求,而且深沉而持久的理性思考显得越来越不合乎潮流。

(3)时尚性。所谓时尚是在大众内部产生的非常规的行为方式的流行现象。具体地说,是指一个时期内相当多的人对特定趣味、语言、思想和行为等各种模型或标本的随从和追求。[1] 而时尚和流行是分不开的,在中国,作为拥有5亿多用户的媒体,手机已经具备了流行的充要条件。从手机外在形式看,时尚又是对现行事物的模仿,少男少女纷纷互相模仿在手机上挂上挂件、贴上贴纸、更换外壳等,这些都是手机时尚的表征。拥有一款能拍照、能摄像、能上网的手机已经成为身份和时髦的象征。手机化妆、手机美容更是时尚的符号,像手机加香、手机镶钻、手机签名、手机个性饰品等各种科技产品已经开始流行,且具备巨大的消费市场。由于手机是人们随身携带的,其颜色、形状、铃声音响无不向世人展示着拥

---

[1] 周晓虹:《现代社会心理学》,江苏人民出版社1991年版,第442页。

有者的格调和趣味。

与追求外在时尚相同,手机传播内容也与时尚流行密不可分。例如大众对手机小说的题材就有特定的趣味和追求,遗憾的是这种趣味不是千百年经久不衰的经典名著,而是一些最近兴盛起来的、流行于当代社会的文学题材。目前最流行的手机小说是武侠玄幻文学和言情青春文学,它们占去手机电子书的大部分市场,在各大手机小说网站中始终处于排行榜的前列。以"手机电子书"网站为例,下载最多的小说是金庸武侠全集和古龙武侠全集,下载数分别达到8万次和6万多次。其次是《魔法学徒》和各种情色小说,下载数也都达到5万多次。相比而言,经典文学名著、诗词散文下载次数寥寥,像《唐诗三百首》到目前也只有几人下载。在影像传播方面,哪一部手机电影下载次数最多,往往取决于目前哪部电影最风靡。当一部电影风行起来后,便会有很多人纷纷下载,其点击率和下载率都非常高,而经典伦理片、文艺片在手机电影网站上几乎找不到。大众对手机电影的趣味非常集中,并且与手机小说雷同,也是动作、武侠、爱情、科幻等题材。在用手机拍摄的影像中,最流行的是一两分钟的生活记录片段,在分享视频网站上,其点击率、观看率都是最高的。随着3G技术发展的步伐加快,受众与受众之间可以互相发送手机小说和手机电影,这会进一步使某些题材的手机小说和手机电影越来越成为时尚。长此以往,经典和理性被时尚和流行淹没的危机离人们越来越近。

(4)低俗性。与其他大众媒体一样,手机传播的内容理应通俗易懂、雅俗共赏,然而通俗并不等于庸俗、媚俗、低俗。由于手机是个人的贴身媒体,具有极高的私密性,大多数手机用户认为,手机属于纯粹的个人私用物品,机主对手机的使用拥有绝对主导权。于是在手机短信、手机小说、手机影像传播中,低俗内容比比皆是。例如"有色幽默"、"魅惑写真"、"私房幽默"等黄色、低俗类短信和彩信图片在坊间早已大行其道。在手机小说网站上,充斥着各种内容不健康的小说。手机影像也泛滥着不健康信息,打开"火柴盒手机娱乐空间"网站,各种"激情视频"、"风情写真"目不暇接。这些不良信息已经对人类精神文明建设产生了前所未有的负面影响。

另外,在多媒体技术的"进化"作用下,手机的全球定位功能、拍照、摄像功能已经可以让每个人的身体时刻"在场",加上无与伦比的随身性和隐蔽性使手机完成了在福柯看来也颇具技术难度的"全景式监狱"的轻松建造。显然,手机越来越多的功能为暴露个人隐私、恶搞、危害公共信息安全等不良行为提供了隐蔽、廉价、易得的手段。这些不良行为不仅在一定程度上侵犯他人的隐私,有时也在不经意间伤害他人的感情,有时更是造成始料未及的严重后果。从手机传播的主导内容看,其负面影响令人担忧,其审美标准、价值取向、文化追求不得不令人反思。

三、文化倒退——手机新部落文化的反思

手机新部落的形成,无形中造成了对传统文化、主流文化、精英文化的冲击和影响,更是衍生出一种新的社会机制。这种机制在改造社会文化、控制大众思维方式及社会行为的同时,进而形成一种独具特色的手机新部落文化。事实上,这种文化将大众控制在无形但又无处不在的媒介时空环境中,大众却"集体无意识",心甘情愿地顺从和依附这种文化。于是,一旦追求娱乐、庸俗、平面、流行的手机新部落文化逐渐成为社会的主导力量时,文化倒退似乎不可避免。

(1)无深度的平面文化。没有杰出的文化生产,公众就会失去精神家园。在中国,千年之前的人们会在那些优美醇厚的文字里得到精神的慰藉,关注人生中的至真、至善和至美。而如今的手机新部落文化所呈现出的却是一种无历史深度的平面流行文化,具体表现在:业余影像和简短化的文字取代了深层的文字和书籍的表达与阅读;一味追求感官欲望的满足、突出自我、突出个性的放纵,试图通过娱乐功能而达到商业目的;为了

满足受众的低层次需求,更注重形式而忽视内容,使得娱乐题材泛滥,庸俗内容充斥。这时的手机新部落文化,"其精髓已不是提升人的内心世界的动力,而是成为满足人的欲望的一种消费品。它没有承传过去的传统根基,也没有对于未来的长远规划,而是立足于此时此地的公众个人"。[①] 如果这样的平面文化嵌入我们未来的生活中,那么,我们的文化底蕴势必会出现浅薄化趋势,更不利于传统文化的传承与弘扬。

近百年的社会动荡、战火炮乱、外族侵略、内部纷争等等,使千百年来支撑中国社会深层结构的传统文化元气大伤。时下,娱乐、"恶搞"充斥大众媒体,传统文化之根在当代社会语境中渐趋淹没乃至消解。本该作为民族文化承载者的大众媒体非但没有肩负起重新建构传统文化的重任,反而进一步推动低俗文化的成长蔓延。中国亟须找回民族之根,找回正在被埋葬的历史文化宝藏。但是,手机媒体和其他大众媒体一样具有商业属性,不得不采取适应当代社会语境的方式以获得商业利润。例如,不得不将经典名著缩短以迎合手机阅读,不得不以娱乐为主导以适应受众需求……这就使得手机不仅在传统文化传承上发挥的作用微乎其微,而且在以满足受众趣味为目标的同时,再造、改变、诱导了大众的文化趣味及追求。结果是,受众在盲目、被迫接受手机媒体那些无历史深度、平面化的信息时,也导致自己在民族文化精神认知方面的迷茫和缺失。

(2)多元文化的悖论。手机能够创造多元文化体系,也能体现文化多元的时代特征。这可以从两个方面加以评判:一方面,正如法国学者克洛德·莱维·斯特劳斯所说:"文化多元发展对世界和谐与稳定的作用日益突出和重要";另一位美国学者罗杰·M.基辛也认为:"文化的歧异多端是一项极其重要的人类资源。一旦去除了文化的差异,出现了一个一致的世界文化——虽然若干政治整合的问题得以解决——就可能会剥夺人

---

① 王岳川:《媒介哲学》,河南大学出版社2004年版,第61页。

类一切智慧和理想的源泉,以及充满分歧和选择的各种可能性。……去除了人类的多样性,可能到最后会付出持续的意想不到的代价。"因此,手机为各种文化创造了一个展现其魅力四射的舞台,这有利于社会发展和国家进步。

但另一方面也应看到,在大众媒体高速发展的同时,媒体文化的主宰地位是建立在传统文化、主流文化和精英文化被逐步边缘化的基础上的。手机新部落文化的形成和发展,势必会进一步排挤主流文化,冲击和挤压传统文化,解构精英文化。其表现是:人们更愿意看看简短的手机小说,而不去捧着大部头的经典著作阅读;更多的人选择看看轻松的手机电影,读几段幽默的短信笑话,而不是去阅读闪烁着理性思想火花的主流作品。从表象上看,手机新媒体为多元文化的生存提供了空间,而实质上,手机媒体则纵容了浅薄化、简单化的文化生存,导致了传统文化、主流文化以及精英文化的缺失。当我们为文化多元时代到来而欢呼的时候,已经不知不觉落入了文化迷失的陷阱。因为,手机新部落文化是一种"文化工业",看似启蒙大众,创造自由民主,实则消解了大众的自主意识和独立判断能力,使人一步步走向异化。

(3)进一步远离现代化。尽管从百年前的洋务运动开始,中国人就踏上了现代化的艰难进程,民主、科学、自由、平等、公正等精神追求成为一代代人为之奋斗的文化品格。然而事实是,中国从来都没有实现现代化,它在中国社会中本质上是"不在场"和"无根基"的[①]。这一点,透过文化层面就可略知全豹。随着市场经济的建构,中国社会急剧转型,在文化层面上最突出的体现是大众文化的兴起。然而,这种大众文化的兴起却与现代化的进程相悖,因为现代化在精神层面上指的是理性的启蒙精神,强调人的主体性和本质力量,探求人生的价值、理想、真理和意义。但是,出

---

① 衣俊卿:《现代化与文化阻滞力》,人民出版社2005年版,第14页。

于对几十年计划经济条件下空想理想主义教条的反抗,加之全社会商品化浪潮和功利心态的引导,社会转型期中国民众的主导性文化模式是一种贴近生活原生态的平面文化。人们放弃了传统精英文化以理性、人生的价值、历史的意义、人的终极关怀等深度文化为价值取向,开始向衣食住行、饮食男女等日常生计(生活的原生态)回归。① 如果说20世纪上半叶还有鲁迅、杨沫等作家超越琐碎的日常生活,关注人的主体性问题,20世纪80年代中期还有《班主任》、《你不可改变我》等文学作品反思历史、追求人生价值,那么如今的手机短信、手机文学、手机影像则彻底抛弃了对价值意义的追求,回归到最平面化、最简单化的日常生活叙事。如果说传统大众传媒只是媒体组织在告别文化启蒙、弘扬通俗文化,让世人被动地接受"以此时此刻为关切中心、以吃喝玩乐为基本内涵"②的消费文化,那么手机媒体则使大众开始自在自觉地远离哲学精英话语控制的主导性价值取向,开始自发地解构和剔除主体性精神,进而使人们无时无刻、隐蔽地、私密地、随心所欲地吸收和消化各种日常生活的原生态文化。由此,如果我们不合理地规范手机传播内容,如果我们不适度地引导手机用户的价值取向,如果我们只是潜心于商业利益的追逐而无视更宏大深刻的整体社会精神,那么,手机新部落文化的风靡将阻滞现代化的进程,进而导致传统文化、精英文化和主流文化的边缘化。而大众不仅在现实中被高科技带来的"现代化"技术而左右、失去自我,而且在心灵上也会越来越远离"现代化"的精神家园。

---

① 衣俊卿:《现代化与文化阻滞力》,人民出版社2005年版,第14页。
② 同上。

第十二章 网络视频分享传播的新发展

视频分享网站近十年的发展之路及其社会影响力的沉淀、积聚与爆发,宛如一部励志传奇见证了媒体增强社会责任感、积极传播正能量的重要性。然而近年来,视频分享网站社会责任的失范现象频频曝光于公众的视野之中。很多网站为一时利益、赢取更多的点击率,不惜把各类煽情、色情乃至侵权虚假的信息搬上台面,借由满足普通大众的低俗趣味实现短期获利的目的。这种缺乏社会责任的短视行为无异于饮鸩止渴,不利于媒体自身及其行业的长远发展。所以,从经典社会学理论视域下研究视频分享网站的社会责任与正能量传播等现实问题,无疑是一种新的研究视角。在相关理论的选取上,按照影响深远性和运用合理性两个硬指标,本文选用瓦尔特·本雅明的机械复制艺术理论、古斯塔夫·勒庞的乌合之众理论和欧文·戈夫曼的拟剧理论。

第一节 网络视频分享中的"自我呈现"

视频分享网站在为互联网用户提供视频录制上传、传播分享、评价互动、收藏下载等服务的同时,以一种分享的理念与一个广阔的平台造就了一种汇聚天下视频资源的机制,产生了不可忽视的社会影响。在视频分享的平台上,"由于身体的缺场、匿名和时空的区隔,人们在现实生活中显得十分纠结的角色扮演行为变得直接而又简单了。"①网民可以有选择地呈现自我信息,通过声音、文字、图片、视频等一系列符号塑造理想中的自我。与此同时,这种视频分享又常常伴随着现实生活中个人隐私的暴露。例如,公开讨论个人财务在现实中是一件忌讳的事情,但在视频分享网站上却存在大量晒富、露富的视频。人们在网络面前一反常态,不顾个人隐私将自己的经济状况告知天下。为了对上述情形进行更为细致的考察,这里借助戈夫曼拟剧理论中前区与后区的相关论述,将网络社会和日常生活划分为个体活动区域的前区和后区,针对视频分享中个人前区的角色扮演与个人后区的角色伤害两种情况进行深入探究。

一、戈夫曼的拟剧理论与行为分析

欧文·戈夫曼是20世纪最为出色的社会学家之一,也是符号互动论的第三代代表人物。在其著作《日常生活中的自我呈现》中,他对拟剧理论进行了较为详细的阐释,且试图用它来解释人们之间互动的一些基本过程和原理。戈夫曼认为,人与人在社会生活中的相互行为在某种程度上可视作一种表演。生活中的每个人或是个体表演者,或是剧班中的一员,总是在某种特定的场景,按照一定的要求,在观众的注视下进行角色呈现。在表演过程中,表演者往往想要给予某种印象或尽量避免与给予的印象相抵触。对于他们而言,正在扮演的角色是其最重要的角色,他们声称具有或被赋予的品性是他们最为本质和特有的品性。② 也就是说,当演出结束,演员回到后台才显现出真实的面目,恢复本来的自我。后台

---

① 〔美〕马克·波斯特著,范静哗译:《信息方式:后结构主义与社会语境》,商务印书馆2000年版,第120页。
② 〔美〕欧文·戈夫曼著,冯钢译:《日常生活中的自我呈现》,北京大学出版社2008年版,第114页。

就是观众止步、闲人莫入的地方。用于分隔舞台和后台的屏幕把通过表演展现出来的世界与真实的世界隔离开来,也把演员与观众分隔开来,从而造就出一个表演中的世界,使观众暂时忘记现实的存在而全身心地投入到这个表演的世界中去,跟着演员所呈现出来的那个角色去体验另一种生活。[1]

戈夫曼拟剧理论的展开就是通过对这一系列舞台表演概念的解释实现的。他引入戏剧表演中的"舞台"一词,将人类的表演场也称作舞台。舞台又被划分为前区(前台)和后区(后台)。前区是一种制度化的社会存在,人们所扮演的通常是具有一定程度的理想化和社会化的自我。前区的活动离不开两个基本要素:舞台设置和个人前台。前者包括舞台设施、装饰品、布局以及其他一些为人们在舞台空间各处进行表演活动提供舞台布景和道具的背景项目;后者是能使观众确认表演者的传达性配件,体现了表演者的身份特征并期望表演者将它们带入舞台设置中去。和前区的正式风格不同,后区活动破除了条条框框的限制,更多的是自发性自我的流露。在后区,人们不必像在前区那样关注自身形象以及布景的限制,其行为是自然放松的。不过,后区并不是一个固定的地点,前区和后区也只是一组相对的概念。尽管一个区域被认定为具有与它固有联系的表演的前台或后台区域的倾向,但仍有许多区域在此时情境中作为前台区域,在彼时情境中又作为后台区域出现。就是说,前区和后区之间可以相互转换。

于是,社会事实就成了一种难以捉摸的与场景有关的概念。社会场景形成了我们语言表达及行为方式框架神秘的基础。当一个表演者想要观众相信自己的表演是真实的时候,他必须首先有充分的自信认为自己对场景及自我概念的把握是正确的。因此,戈夫曼并不关心客观世界的

---

[1] 黄建生:《戈夫曼的拟剧理论与行为分析》,《云南师范大学学报》2001年第4期。

实际情况,而是关心这个世界在人们心目中的状况,即人们对它的定义。"我所面对的也不是社会生活的结构,而是个人在他们社会生活的任一时刻所拥有的经验结构。"①这种主观的经验结构就是所谓的表演框架。它是"一种情境定义,是根据支配事件——至少是社会事件的组织原则以及我们在其中的主观投入做出的"。② 在这个框架之中,角色被扮演并可以窥见表演者的自我。自我就不再是一种半遮半掩在事件后面的实体,而是在经历这些事件时管理自己的一种可以变化的程式。

为使人们根据不同的表演框架,更灵活地进行角色的转换和定位,戈夫曼提出了诸多印象管理的技巧。这些印象管理的各种变化形式成为连接其著作的纽带。在戈夫曼看来,不管个体心怀何种特定目的,也不管他怀有这种目的的意图何在,他的兴趣总是在于控制他人的行为,尤其是他们应对的方式。这种控制主要是通过影响他人正在形成的情境定义而达到的。他能通过表达自己来影响这种定义,给他人留下这样一种印象,这种印象将引导他们自愿按照他自己的计划行事。③ 换言之,正是这些印象构成了个人事实上的社会存在,其本来面目倒显得无足轻重了。戈夫曼印象管理的策略主要有四种:理想化表演、误解表演(如富人装穷)、神秘化表演和补救表演。其中,掩饰是理想化表演的一个重要特征。表演者通过掩盖或部分地掩盖与理想形象不一致的活动、事实和动机,集中展示理想化的形象。而神秘化表演则要求个体与互动方保持一定的距离,避免其过多地看到自己后区的行为,从而使互动方产生一种崇拜心理。

总之,拟剧理论既是戈夫曼辉煌学术生涯的起点,也是他最重要的思想结晶。前区、后区、印象管理等概念无一不是基于表演框架之内对角色和场景的判断。可贵的是,这些理论观点在如今的网络社会依然具有实

---

① 转引自陈阳:《框架分析:一个亟待澄清的理论概念》,《国际新闻界》2007年第4期。
② 同上。
③ 〔美〕欧文・戈夫曼著,冯钢译:《日常生活中的自我呈现》,北京大学出版社2008年版,第3页。

用价值和借鉴意义,尤其对视频分享中的角色表演的研究提供了理论阐释的思路和框架。

二、视频分享中个人前区的角色表演

现实生活是各种利益纷争和社会规则的集合体。鉴于有关角色的种种规则由社会规范所限定且具有普遍约束力,因而社会行动者在履行角色义务时不仅需要考虑系统、组织、地位、权力等多方面的因素,而且也不能随心所欲地选择或改变自己所扮演的角色。在某些情况下,如果人们无法很好地胜任角色的要求,其角色扮演就会陷入危机从而造成角色的紧张甚至角色的冲突。拟剧理论认为角色是由这样一种活动构成:当任职者纯粹根据他这样地位的人应遵循的规范行事,就会置身于这一活动中。而角色扮演则是一个特定的个体在履行职责时所表现出的实际行动。互联网的问世打破了现实物理空间的限制,人与人之间的交往也消解了面对面交谈的后顾之忧。个人可以勇敢地尝试平常不敢尝试的各种事物,形成在现实生活中前所未有的自我认同。于是,在视频分享网站这一虚拟舞台上,人们开始纷纷根据自己的兴趣和爱好,在个人能力和想象力所及的范围之内自由选择虚拟身份以进行自我形塑和呈现。他们卸下现实生活中带着的面具,转而又为自己带上网络社会的面具。日常生活成为人们的后区,视频分享中的角色扮演顺理成章地成为前区。在这里,多界面生存是可能的,而且每个界面都是一个相对独立的生存空间。网民可以同时扮演多重角色甚至可以同时拥有多个交叉或平行的角色身份。

视频分享成为网民自我整饰的手段之一。分享者有的上传自己在镜头前的表演,展示愿意被观看的一面;有的上传精心制作或收藏的视频节目,彰显品位、表达喜好。其他浏览者和回帖者也在登录网站的那一刻起担当起相应的角色。他们或通过观看视频提高了某些节目的点击率,或以表现出与自己网上形象相匹配的言辞迎合或批判上传者或其他评论者。这些用户所呈现出的前区形象有时与现实的自身形象相符,有时却存在较大差距。但无论怎样,这一前区角色都是理想化自我的一部分,是运用印象管理的手段尽情表演的结果。"芙蓉姐姐"即是一个角色扮演的典型案例,并一度成为一个文化事件和文化热点而备受各界关注。

芙蓉姐姐原名史恒侠,出生于陕西一个普通的职工家庭。作为在北大、清华附近居住的考研族成员,她自 2003 年起就以边缘人的身份在北大未名论坛、水木清华 BBS 上发帖,且经常不请自来地到一些院系的迎新晚会上免费表演舞蹈。是年年底,芙蓉姐姐在清华大学工业工程系的晚会上为两个演唱节目伴舞,大幅度的肢体动作令人无法不"伸颈、侧目、以为妙绝"。伴舞视频在清华、北大的校园 BBS 上广泛流传后引起了不小的反响。第二年,她又开始在水木清华 BBS 的图片版大量张贴自己的造型照,还配上自传文字与照片互为补充。照片里的芙蓉姐姐总是把身体弯成 S 形,努力向世人展示其身材的曼妙与凹凸有致。她的文字更是别具一格,以近乎直白的、不加修饰的方式把自己形容成才华过人、聪明过人、倾国倾城的美女。虽然很多网友无法理解芙蓉姐姐的疯狂举动,但她依然成功地吸引了众人的目光。不仅如此,芙蓉姐姐的文字、图片和视频还从校园 BBS 上转帖到了其他论坛和网站,从一种校园式的小天地进入了更为广阔的外部网络世界。2005 年 5 月,芙蓉姐姐开始受到报纸、杂志、电视等传统媒体的关注。至此,关于芙蓉姐姐的报道更是此起彼伏,形成了风靡一时的"芙蓉现象"。

芙蓉姐姐的走红是消费社会时代一道亮丽的符号景观,其镜头前的前区表演深刻诠释了自恋的含义。归纳起来,芙蓉姐姐赖以成名的招数非常简单:一是不断发表超级自恋的经典语录。这个曾三度考研失败又遭遇车祸的女子常常语不惊人死不休。类似"我那妖媚性感的外形和冰清玉洁的气质让我无论走到哪里都会被众人的目光无情地揪出来"之类的"豪言壮语"比比皆是。二是大批上传 S 形体态的照片和令人喷饭的舞蹈视频。在用户自制内容网站我乐网上,仅一则名为《芙蓉姐姐的最新自拍视频》的影像片段就吸引了近 11 万人次观看。该条视频长约 1 分 22 秒,拍摄地点为某大学校园。面对镜头,芙蓉姐姐极力夸张地扭动着腰肢,忘乎所以地大跳妖娆的舞蹈,与其一贯的网络形象相当吻合。

说到底,芙蓉姐姐事件不过是自恋时代的一场自恋演出,在成就自我实现的同时也满足了普罗大众的围观心态。在这个既能诞生奇迹又不断标榜成功人士的时代,传媒不停地向社会制造和展现政治权贵、商业巨子、权威专家等各种成功景观。权力、财富、学识等成功秘诀融入公共话语,占据了公共空间,甚至成为一种话语霸权,让平凡的小人物敬仰又自卑。他们需要调侃和谩骂来宣泄心中的不满,来获得心理上的优越。芙蓉姐姐的出现恰恰充当了人们发泄的出口。这个长相并不出众却自诩美艳非常的女子利用自己的过度自恋满足了众人的自恋情结。这些本就有一点自恋的看客认为自己比芙蓉姐姐多了点自知之明,于是乎更加自恋地满足于自己的清醒。至此,消费社会已从追求审美逻辑变为追求审丑逻辑,从宏大的悲剧时代演变为日常琐碎的喜剧时代了。它善于制造热点,更擅长遗忘过去。芙蓉姐姐的热潮退却之后,马赛克哥作为新一任的网络红人开始活跃在人们的视野中。

2013 年 2 月,台湾中天新闻台播出了一段采访视频。一位北京男生抱怨说自己不想开学。当被问及原因时,该男生突然反问记者:"可以帮我打马赛克吗?"待得到肯定的答复后,男生清晰的头像被打上了大片马赛克,该男生也对着镜头抱怨起室友有狐臭、还打呼噜。记者"言而有信"地展示了该男生,令人捧腹大笑。有留言笑称:"这马赛克的走位太风骚了,迟到的马赛克。"随后,细心的网友发现中天新闻台的这条采访其实来自北京大学学生高姗原创歌曲《开学恐惧症》的 MV,"迟到的马赛克"是这段 MV 中最具创意的一部分。"新闻"中的"北京男生"就读于复旦大学,他是 MV 创作团队的成员之一,并非随机采访的学生。25 日,该男生在人人网回应爆笑视频称:"室友没狐臭,他们很 nice。"北大女生高姗也在微博表示:"没想到视频会被台湾中天新闻台当新闻播,更没想到会火起来,有些对不起被坑的马赛克君。"①

  马赛克哥的横空出世充分见证了细节的力量。众所周知,马赛克是某些新闻或电影里面为了掩盖人物的关键部位而形成的一块模糊区域,其目的通常是使之无法辨认。马赛克哥在已显露真容的情况下却要求打马赛克掩饰身份,无异于欲盖弥彰。根据戈夫曼的拟剧理论,人生舞台的前台、后台已经不限于生活空间、时间的形态。原本封闭的家已经无法靠四周的围墙区隔出后台,其判断的标准是摄像头照到的地方和无法拍摄的地方。经过自拍者的精心准备,他们极力在镜头前展示自我并期待得到预期中的回应。马赛克哥的爆笑行为就是这样一种镜头前区的表演,是根据特定的表演框架所做出的特定反应,而且是多重表演的集合:他首先是一个演员,是一种个体表演;整支 MV 是一种表演;将 MV 分享到各 UGC 网站进行呈现也是进行角色扮演的一种手段。他成功地塑造了一个"学生心声代言人"的形象,还引发了社会上很多人的怀旧情怀,是大众文化的又一次群体狂欢。

三、视频分享中个人后区的角色伤害

  所有的媒介都像是过滤器,总在有意无意间排除了现实的某些方面。但是,每种媒介又都是互不相同的过滤器。一种媒介编码的过程越是抽象、越是缓慢,则信息越不像它所代表的东西。信息与现实的差距越大,该媒介就越能用其来展示事件理想化的形象。相反,一种媒介若无需花大力气就能简单捕捉到一个场景内所发生的事情,那么信息就越能真实地反映行为。信息与真实的行为和事件联系得越紧密,就越不易被操纵

---

① 资料来源:http://news.qq.com/a/20130226/000894.htm。

和控制。从这个意义上讲,缓慢而有阻隔的媒介有着前区偏向,而快的、没有阻隔的媒介具有后区偏向。视频分享网站就是一种极具后区偏向的电子媒介。它将过去限于私下交往的信息全部公开了,将过去人们直接而密切观察时所交换的信息也播放了出来。而网络把关人角色的弱化加剧了这一趋势。

在传统媒体时代,信息传播的方式是单向的。原始信息资料汇聚到媒介,经过各级各类把关人的选择、删除和再分配,最终作为新闻成品进入社会,这使得把关人拥有巨大的信息选择权和支配权。在各种复杂利益关系的交错中,很多见光死的丑闻被埋没,当事人的后区行为得到了妥善保护。进入网络时代,特别是网络视频分享时代,技术条件瓦解了现实中新闻发布的壁垒。受众在拥有丰富的信息接收渠道的同时又可以轻松地成为信息的发布者,只要拍摄、上传即可。因此,很多原本属于后区的行为经过视频分享网站曝光在大庭广众之下,个人的后区范围被侵蚀,角色被伤害。其中影响较大的个案是张钰的性丑闻事件。

2006年11月18日凌晨,演员张钰在网上公开了一段录像视频,录像中的男主角是西影厂的导演金浩。张钰在录像中说,她和金浩是在拍摄《宫廷画师郎世宁》时认识的。当时,金浩以给她加戏为由与之发生了性关系,但后来并没有兑现他的承诺。于是,张钰拍下了这段金浩和另一女子赤身裸体躺在床上的录像。录像中,金浩对张钰的突然到来感到不知所措,最后不得不赤身裸体起来并去争抢摄像机,顿时摄像机镜头被遮住。此时,录像中又传来张钰的声音,大概意思是说如果金浩再抢摄像机,她就喊人了。[1] 影像片段在新浪博客和视频分享网站优酷公布后引起了广泛的社会反响。主流媒体的介入让不足10分钟的录像带成为街头巷尾的热议话题。被曝光的导演、没有关联的演员、传媒界的记者编

---

[1] 张钰:《致全国人民的一封公开信》,张钰新浪博客,2006年11月15日。http://blog.sina.com/zhangyublog. 2006.11.15.

辑、普通的草根百姓都被卷入了这场口水战。本案例中,导演不再是风光十足的公众人物,反而沦落为人人喊打的过街老鼠。究其原因,无外乎是"导演"和"嫖客"两个角色间的冲突打破了原有的情景框架,致使潜规则的制约支离破碎。导演以性为筹码,与女演员达成选角交易的后区行为以视频的方式如此赤裸地公之于众,与公众心目中的形象形成了强烈的反差。尽管当事人针对指责又再度登场,不断澄清和解释,但这些企图挽回颜面、重塑形象的补救性表演均以失败告终。留在人们心中的只有戏剧化的冲突和窥伺的满足感,是性、谎言和录像带的一种集合。

　　除以上这种视频分享用户将他人的后区行为拍成视频,上传网络,从而产生对现实后区的侵蚀外,有时,用户主动分享自己的自拍视频、自制MV等也会面临现实后区缩小的隐忧。虽然网上的角色扮演相对比较自由,但仍是在一定的规则之内运行。当镜头前区的表演挑战了社会底线,就可能遭遇人肉搜索,造成个人信息的泄漏,后区角色就会受到伤害。

　　2008年5月20日,在举国投入汶川抗震救灾之时,一则辱骂四川地震灾区的视频引起了网民的公愤。在这段长约5分钟的视频中,一名东北口音的女子自称因无法玩游戏大骂灾区人民,用词恶毒却自以为是幽默。很快,该视频片段被从我乐网上删除,但却被另一位较早发现这一视频的网友上传到了优酷网上,且一度占据政治类节目的第一位。在网友对该女子的行为进行严厉谴责的同时,要求对其进行人肉搜索的呼声也日渐高涨。21日中午12点,天涯论坛上抗震救灾版面有关"人肉辽宁女"的帖子点击数总和超过2万。而在第一视频和微软MSN共办的视频门户上,第一视频全国通缉令被放到了头条醒目的位置,直到21日晚才删除。之后,网友们相继搜集到了该女子的姓名、籍贯、身份证号等各种私人信息并将其放到网络上供众人浏览。该女子因此被沈阳警方拘留,为自己的不当言行付出了惨痛代价。

　　如果说互联网刚刚兴起之时,人们还热衷"没人知道你是一条狗"这句充满玄妙和臆想的判断,那么时至今日,人肉搜索的出现早已将这种虚拟性击得粉碎,人们日渐生活在一个越来越真实的虚拟世界中。通过聚集来自不同阶层、不同知识背景的人,人肉搜索揭露了某些事件或人物的真相与内幕。它使得传统的网络信息搜索从人找人、人问人、人碰人、人挤人、人挨人的关系型网络社区活动,变为一人提问、八方回应的人性化搜索体验。当然,这种转变是以存在侵犯隐私、以讹传讹甚至背弃社会公德、超越法律界限的风险为代价的。尤其是与视频分享结合在一起时,使得惩罚远远超过了原先虚拟的层面。正如辽宁女辱骂四川灾区这一案例,受波及的不仅是女子本人,其父母家人亦遭到了牵连。很多网友在优酷上上传视频,用各种污言秽语对女子及其父母家人进行辱骂。其用语之不堪、行为之疯狂与辽宁女的原视频相比有过之而无不及。可见,人们的网络前区和现实后区的界限并非如想象中那般明确。个人在镜头前的表演已不是表演者能够完全掌控的了,稍有不慎就可能成为被攻击的对象,自己的角色就会连带相关人员在个人网络后区内受到伤害。

总之,个人在视频分享中的前区角色表演与现实后区角色的伤害是一种对立统一的矛盾。一方面,技术的进步提供了人们进行前区表演和窥伺他人现实后区的手段和可能;另一方面,更深层次的社会心理才是促使这种矛盾激化或不可调和的原动力和助推力。日本学者中野牧曾提出"容器人"的概念,用以描述大众传播媒介时代成长起来的现代人,称其内心类似一种孤立、封闭的罐状容器。"容器人"为了摆脱其孤独也希望与他人接触,但这种接触只是容器外壁的碰撞,无法深入到彼此的内心。[①] 这样一种尴尬的状态激起了人们渴望表现自我、了解真实的他人及其后台行为的欲望,人们在表演和窥探中追求着一种打破传统的快感。而网络视频分享中的"自我呈现"正是满足人们这种追求的一种体验和选择。

---

① 王传晓:《博客日志传播与个人后台行为前台化》,《今传媒》2006 年第 5 期。

第二节　网络视频分享网站对传统机械复制影像的解构与拓展

作为数字影像时代的硕果,网络视频分享网站自本世纪初诞生伊始,就呈现出爆炸式发展和以几何级数进行扩张的态势,成为当今社会最主要的网络视频文化传播形式之一。它的蓬勃发展不仅赋予了草根大众自由生产和解读视频影像的权利,促进了内容产品的个性化,而且进一步放大了普通大众对艺术作品接受方式的消遣化倾向。于是,艺术作品的展览价值得以进一步强调,而传统艺术所推崇的膜拜价值却被日渐消解。网络视频分享网站带来的上述社会影响与本雅明机械复制艺术理论的相关论述具有跨时空的内在逻辑关联,许多观点不谋而合。虽然瓦尔特·本雅明发表于20世纪30年代的《机械复制时代的艺术作品》(又译为《可技术复制时代的艺术作品》),因受时代的局限,主要以电影艺术为例论述了技术革命在彼时所孵化的新的机械复制艺术的审美特征、社会功能、感知方式及其与大众的关系等问题,但最终突破时空的束缚,获得了一种普世性的价值,以至于在数字影像化的今天,依然对网络影像传播具有重要的指导与借鉴意义。从这一角度出发,本文将瓦尔特·本雅明的机械复制艺术理论与个案研究相结合,从理论和实践两个维度对网络视频分享网站的社会影响力进行分析考量,因此也就具备了现实操作的可能性。

一、艺术大众化:草根影像群体的崛起

媒介环境学派的代表人物之一哈罗德·伊尼斯认为,不同的媒介对控制有着不同的潜力。不能广泛传播的媒介,或者需要特殊编码和解码

技巧的媒介很可能会被上流阶层所利用,他们有时间和来源获得这些媒介。相反,如果一种媒介很容易被普通人接触到,它就会被民主化。电影艺术的诞生曾被本雅明盛赞为艺术平民化、大众化的一个标志,是艺术领域的一场伟大革命,其社会影响"若不从它毁灭性、宣泄性即它荡涤文化遗产的传统价值这一面着眼,便是一种无从把握的东西"。[①] 诚然,机械复制时代,视觉形象的批量生产为艺术作品的大众化提供了赖以生存的社会土壤,但这大都局限于受众的接受层面,资金、技术等主客观条件的限制使视觉影像的生产权利依然被牢牢地把控在少数社会精英手中。他们作为专业的影像生产者通过采写、编辑等多种手段,在影像产品中巧妙嵌入其价值观念,从而操纵视觉文化的发展脉络,决定社会的价值选择和舆论导向。这是文化霸权的一种典型体现,其关键内容"不在于强迫人民违背自己的清醒意志或良好判断而将权利让渡给掌权者,而在于它揭示出一种情景,其间所积极寻求的乃是人们对理解世界的那种方式的认可,而这个世界'恰好'符合拥有霸权的阶级联盟或权利集团的利益"。[②] 于是,在以电影艺术(亦包括此后的电视艺术)为代表的线性电子文化结构中,媒体提供信息来源,规定话题的内容,而受众面对形形色色的影像流,无论喜欢与否都只能被动接受。即使拥有自己的理性空间,也常常因强势传播手段的缺场而丧失话语权利,因而禁锢了自身的思维模式,丧失了独立的人文品格,失去了否定、批判和超越的能力,成为单向度的人。

网络视频分享网站的适时出现为普通大众的集体失语觅得了宣泄的窗口,同时也为艺术大众化的纵深延展提供了无限可能。作为自媒体家族的一员,视频分享网站在传播渠道与传播方式上沿袭了博客等前代产品的传播特征,在内容形式上则将其叠加为影像和声音的复合体。它经

[①] 〔德〕汉娜·阿伦特著,张旭东、王斑译:《启迪:本雅明文选》,三联书店2012年版,第236页。
[②] 〔美〕约翰·费斯克等编撰,李彬译:《关键概念:传播与文化研究辞典》,新华出版社2004年版,第122页。

由解构以往从中央向四周蔓延的大众传播模式,摧毁了以中心化和非交互为特征的传播体系,建构了一个去中心化的、交互开放的数字化生存空间,形成了一套个体写作的崭新理念。其中,影像生产权利的下放是数字影像时代艺术进一步大众化的首要表征,影像制作技术门槛的降低为之奠定了坚实的基础。如今,普通用户只需一台可连接网络的电脑、一个麦克风、一个摄像头、一个免费的播客软件就可以成为一名DJ或节目主持人,让自己专属的广播电视台面向全世界播出。亦可同时申请多个账号,创建专业化的分类频道,打造个人的传媒帝国。通过让个体进入影像符号的制作领域,视频分享网站使普通受众拥有了主动运用影像符号进行创作和传播的可能,以往传播者主权下的单个话语中心裂变为多个自由的话语主体单元,个体要求创造性、解构现有文化模式和统治权的愿望得以实现,从而重塑了一种新型的个体身份和新型的主体立场。在这一过程中,一些非学院派出身的草根凭借自身努力或在视频分享网站这一平台上一举成名,或进一步提升了自身影响,这成为数字影像时代一个极为典型的社会现象。

除却影响生产权利的被赋权,数字影像时代艺术大众化的纵深延展还突出表现在视频分享网站对机械复制时代传统影像单向传播过程的变更以及对广播电视顺序播出时态的消解。多年来,传统广播电视一直沿用将音视频节目按照编排后的顺序依次播放的传播形式。为了获取部分视频信息,受众必须在媒体指定的时间段守候在设备前,一旦错过便无法观看,视听产品成为一次性的消费品。由于节目的线性时间轴不易改变,节目内容也就无法实现跳跃式播出,不断插播的广告亦被列为强制接受的范畴。"我播什么,你看什么","我什么时候播,你什么时候看"成为传统广播电视的主导概念。视频分享网站的问世使得流动影像第一次成为了真正可以选择的事情。它不仅为大众提供了种类更加丰富的影像资源,使任何个体在任意时间点都可自由开启一个播出点,还允许人们根据自我喜好对一段视频影像进行快进、慢放、重播等多重处理，并以留言的方式对视频内容进行实时反馈。这无疑满足了人们主动获取信息的需求，个人的自由权明显增强。至此，大众传播在逻辑上已彻底转变为全民传播，视觉传播场域的传受格局被打破：权利均衡的传播网络开始形成，传受逐渐一体化；受众接收影像文本的行为自主化，"要我看"变为"我要看"。一言以蔽之，视频分享网站将传播者的权利、看与不看的权利、看什么的权利、怎么看的权利赋予了普通受众，从而建构了数字影像时代的新型影像传播格局。这种新型传播格局的形成在一定程度上也促进了社会民主变革的进程。借由视频分享网站这一融合了大众传播与人际传播的新媒介，志同道合的陌生人得以在同质文化群中自由交流。由于这种群内传播在本质属性上更多地接近人际传播和组织传播，因而较之传统的大众传播具有更好的传播效果。

二、内容个性化：对机械复制文化的解构

瓦尔特·本雅明在《机械复制时代的艺术作品》中将传统大众媒介生产的文化统称为机械复制的文化，其特点是内容复制的机械性，其主要含义是指传统大众媒介生产的文化磨灭了文化的个性和差异。内容同质化成为机械复制时代不可回避的议题，一元化的文化发展趋势使现代艺术危机四伏，渐有走向单调和枯竭之势。视频分享网站催生的播客文化一扫之前传统媒介的生产方式，具有非机械性的特征。它犹如一活清泉在稍显沉闷的文化领域泛起了些许涟漪，为个性化的内容生产开辟了广阔的空间。虽然这种内容的个性化依然无法还原古典艺术时期艺术作品的灵晕[①]，但却在内在气质上与之享有共通之处。UGC、网络互动剧等均是

---

① 本雅明哲学核心概念，"一定距离之独一无二的显现"，正是技术复制使"万物皆相似"，而摧毁了独一无二的特性，扼杀了其灵晕。——编者注

视频分享网站个性化内容的典型体现。

UGC 即用户创造内容,它并非某种具体的业务,而是一种用户使用互联网的方式,即由原来的以下载为主变成下载和上传并重,每个人都可将自己生成的内容通过互联网平台进行展示或者提供给其他用户。与传统网络内容相比,UGC 具有海量、动态和去中心化的特点。视频用户可以在一天内上传大量影像内容,使海量资源时刻处于不停的变化之中。目前,基于 UGC 的影像传播在经历了创作者最初的新奇和好玩之后,正进入从量变到质变的升华阶段。大量来自不同背景、不同知识结构、不同意识形态创作者的影像内容在本身各种特性及外部大环境的影响下粉墨登场,出现了一种具有特定历史条件的、有别于一般专业影像传播特点的平民化的影像传播现象。这种民间性的影像记录方式的核心价值在于创作者能够透过其思想境界、文化素养和道德意识形态等综合因素客观地反映当前现状、叙述当下问题、表达个人思想、张扬自我风格。由于不受专业观念的限制,影像生产的目的也不以商业和市场为旨向,因此影像的个人化生产在某种程度上消解了商业主义所带来的影像生产的市场理性,更倾向于个人表现,更强调自我体验,在影像文本的获取上也与专业媒介机构制作和购买原创作品的方式存在较大差别。

大致说来,这种个体化文本创作的方式主要有两种:一是原创,即播客作者自己录制一段音频、视频文本,上传到自己的播客中;二是文本再生产,即以大众媒介中已经存在的现成文本为素材,通过剪辑和拼贴处理,按照自己的叙事方式重新组合出新的视频。这是一种专业媒介机构甚少使用而普通大众在创作播客作品时却大量采用的影像文本的获取方式。作为传者的普通大众与作为传者的专业媒介机构之间存在的差距决定了这一差异性。一方面,电视台等专业机构在传播空间方面是有限的,它们需要填补的不过是每个频率或频道每天不超过 24 小时的空间。相对的,它们在音频和视频文本的生产和购买上具有强大的能力,足以满足这一传播需求。普通大众则缺乏这样的资本,但他们所享有的播客传播空间又相当巨大,既可共时传播,又可同时存储多个媒介文本。传播能力和生产能力之间的巨大鸿沟导致众多播客创作者必须借用现成的媒介文本构成他们的播客资源。另一方面,专业媒介机构在使用已有的媒介文本作为素材时常会受到版权的限制。它们不能随意加工某些现成文本以得到自己的文本。而在大众播客创作者这里,媒介文本的传播只是个人的非商业性行为,因而可以超越版权的限制。文本再生产成为创作新文本的合法手段,不仅较之生产原创作品更加方便快捷,而且具有更强的娱乐效果,点击率更高,影响力更大。

视频分享网站在提供个性化的民间影像、带给受众新的观赏体验的同时,其自身所拥有的交互属性也给众多电视剧制作单位及发行商提供了新的产业运营思路,在潜移默化的不经意间改写着当今电视剧产业的运行规则。众所周知,传统电影、电视剧是按照一个线性的逻辑,按照一系列排列好的情节,激发一系列规定的情绪反应,最后得到一个预定的结论,它基本是一种单性的、单线的、单向的表意体系。数字技术出现以后,传统的电影、电视剧的叙事观念被冲击,交互式的、动态联系的思维方式取代了孤立的、静止的思维方式,为人类探索事物存在和发展的多种可能性打开了广阔的空间。从目前欧美各国电视行业的发展趋势看,互联网视频应用的普及和用户规模的扩大,已使很多剧集呈现多版本、不同结局及互动征集的制作潮流。网络互动剧的盛行已初见端倪,在内涵和外延的界定上亦有广义和狭义之分。广义的网络互动剧是由用户参与编剧并根据用户投票来决定剧情走向,如凤凰新媒体策划制作的《Y.E.A.H》。该剧每五集就设计一个环节,拍摄几种不同的剧情,然后由网友投票,得票最多的剧情成为最终的版本。狭义的网络互动剧是指一种游戏化的视频。用户在观看时,每一个情节点的发展都需要用户通过点击视频播放器内的选项按钮进行选择。剧情有不同的分支并导致不同的结局,互动剧《SEVEN》即属于这一范畴。《SEVEN》的故事主角是一名业绩不好而失业的推销员,他从接到一个神秘电话开始,进行了一次挑战道德底线的危险游戏。剧情进行到一定阶段时就会出现不同的脉络走向,不同的价值选择使得故事结局或完美或凄凉。

  在国内,网络互动剧内容的新颖性越来越受到广大网友的追捧,各大内容生产商也纷纷涉足这一领域,优酷在此方面已有成功尝试。它除了跟国内大型的影视集成商合作,也跟一些创新型电视剧制作公司合作。风靡全球的 BBC 网络互动剧《苏菲日记》因此登陆中国并引起强烈关注。《苏菲日记》最初诞生在葡萄牙,之后迅速被翻拍成英国、德国等多种版本,其网络征集女主角、日记体形式和剧情互动模式成为该剧出奇制胜的关键。中国版《苏菲日记》通过一个来自离异家庭、18 岁北京女孩苏菲在上海求学的青春日记,记述她成长中的烦恼、困惑和迷失,从而提供了一个独特的视角来观察这一人群。《苏菲日记》5 分钟一集的剧情长度契合了年轻一代日益加快的生活节奏和多样百变的兴趣点。网络开播之初,根据网友意见,拥有优酷和新浪两种版本,下集剧情发展随网民互动投票而确定,并在两个平台上分别播放。可以说,《苏菲日记》成就了电视网剧制作的最新游戏规则,它使一件艺术作品的最终完成在相当大的程度上依赖于受众的参与。这一制作潮流的兴起为多元化的价值观提供了剧情支持,使剧集内容呈现跌宕起伏。个性化的影像风格激发了创作者的无限潜能,使之能够在视频分享网站的民间广场上肆意挥洒。在此,精英与草根、中心与边缘的二元对立消失了,参与者不再只是高高在上的精英阶层,而是普通大众。通过自身的参与,人们"回归到了自身,并在人们之中感觉到自己是人。人类关系这种真正的人性,不只是想象或抽象思考的对象,而是为现实所实现,并在活生生的感性物质的接触中体验到的"。[①]

[①] 王虎:《网络恶搞:伪民主外衣下的集体狂欢》,《理论与创作》,2006 年第 6 期。

集体参与的精神快感使人们实现了自我的释放和解脱,亦极大丰富了个体影像的创作内容,使得视频分享网站成为了一个兼容并包的影像库。

三、娱乐消遣化:影像艺术作品膜拜价值的消逝

各种艺术作品常常在不同的层面被人接受、被人评估,在此有两个极端的类型:一种只看重艺术作品的膜拜价值,另一种则只看重它的展览价值。从最早的艺术品的仪式起源到文艺复兴之后对美的追逐,再到19世纪照相摄影的出现,艺术作品完成了从膜拜价值向展览价值的转换,艺术就是要提供消遣。数字影像时代承接了机械复制时代这一发展趋势且愈演愈烈,娱乐消遣成为大众创作和观赏影像作品的主要动力。视频分享网站为此提供了绝佳的场所,从而扮演起传播者的秀场和受众的娱乐场的双重角色。如果将传统媒体比作五星级饭店的盛宴,视频分享网站就是市井的大排档。虽然它无法与传统媒体比装潢(传播渠道)、比菜色(内容信息)、比服务(媒体制作),却有草根中散发的独特的幽默和亲切,家常便饭宾主尽欢。与生俱来的消费社会的商品属性使之以大众闲暇时间的关注作为商品交换,满足了大众的视觉消费快感。与博客文字为主的表现方式不同,视频分享网站几乎涵盖了语言符号和非语言符号所有的符号表达系统。符号的丰富性瓦解了文字和图片表达为大众预留的宽广的想象空间,而代之以一针见血的娱乐,视觉听觉等直观刺激成为视频分享网站的主流表达方式。然而,伴随自身表现力和感官冲击力的加强,视频分享网站深度解剖的能力亦在不断减弱,其对公共领域中娱乐、体育信息的青睐明显高于对政治、经济、科技信息的关注。在私人领域中,视频分享网站所提供的更为动态和多媒体的呈现方式也激发了个体的直接表现欲和戏剧张力。无论是公共领域还是私人领域,视频分享网站都有意识地投大众所好,将内容以娱乐的方式进行呈现,娱乐性成为视频分享网站不可或缺的构成元素。

长期以来,网络发展一直谋求为大众搭建一个张扬个性和表达自我的舞台。从早期的博客到现在的视频分享网站,人们通过网络的不同平台来获得天性的解放。在已经进入稳定发展的博客群体中,大量用户将博客作为互动交流的工具;而尚处于发展期的播客群体则更多地期望把视频分享网站当成个人面向大众的表演舞台。他们生产个人影像的目的不在于创造出让世人膜拜的伟大作品,也不在于实用性和赢利性,认知的目的通常退而次之,勇敢地秀出自我才是关键所在。于是,相当数量的播客创作者通过此种渠道获得了大众的关注,在娱乐自己的同时也娱乐了大众。2005年至2006年,两个自称后舍男生、名不见经传的大学生仅仅依靠一个摄像头,跟着歌曲对嘴型录制MV,并在假唱时配以表演夸张的表情,结果一夜成名。他们不但吸引了众多粉丝、成为职业艺人,而且幸运地被国际顶级饮料品牌百事可乐看中成为代言人。在谈及选择后舍男生的原因时,百事方面的发言人表示:"后舍男生这个组合非常有个性,他们在网络界的迅速走红正是反映了网络时代每个人都渴望展现自我、挑战自我、不要妥协的生活态度。"可见,后舍男生所带来的社会影响并不只是简单的对口型恶搞歌曲那么简单,他们的成功更是当下这个网络时代的产物,同时也是文化娱乐的需要。

　　约翰·费斯克在以电视为例分析文化商品时指出,在流行文化消费过程中,除了媒介机构通过媒介文本实现商业利益的进程之外,还存在着大众生产意义、获取快感的进程。大众对媒介文本的解读并不是对于媒介文本意识形态的屈从,而是能够逃避文本的控制,生产出自己的意义,从而获得愉悦。简言之,大众愉悦的实现主要来自于文本解读过程的意义生产。大众将文本置放在不同语境下,与不同的知识背景相结合,生产出不同的意义,获得多重的快感。这一点可在约翰·费斯克对音乐电视迷的精辟分析中得以进一步印证。"迷"所具有的文化能力越强,就越能够识别出每一个镜头的原初文本和语境,这样,他们从中建构意义与快感的资源也就越加丰富。在这样的生产过程中,快感的来源是多方面的:辨识的快感(对原初文本的语境和意义的辨识),再生产的快感(接受录像带的召引,从而玩味新的文本语境,进一步从事再生产),以及生产的快感(在再生产出的意象、"迷"对连续剧的知识以及他们的日常生活三者之间生产出有意思的关联)。[1] 唯一美中不足的是,无论这些快感是如何多层次的,它们的生产都始终没有牵涉到文本本身。视频分享网站打破了这一僵局,改变了这一境况。大众不仅可以在对媒介文本的解读中生产出自己的意义和快感,更可以按照自己的理解和需要对文本进行改造。文本再生产的过程不是大众生产文化产品的过程,而是大众娱乐的过程。主宰这一过程的不是文化的生产,而是大众愉悦的产生。例如《一个馒头引发的血案》这个网络视频短片之所以受到网民欢迎,从根本上要归因于它极强的娱乐性。尽管它是借用和拼贴于《无极》,但带给人们的心理和审美满足却远远超过了其母体,构成了一道足够亮丽的影像风景线。在中国,《一个馒头引发的血案》可以说是第一次实现了对权威名导大片的改编和颠覆。它将原影片的诸多元素与新闻、流行音乐、主旋律歌曲等看似毫不相干的元素杂糅在一起,形成了不同于原片的"有组织"的混乱。它打破了传统艺术形式的结构、打破了人们关于物体组合关系的思维定势,给观众的审美习惯造成了强烈的震撼,产生了常规叙述方式所无法达到的艺术效果。

　　视频分享网站进入的低门槛和内容的娱乐化倾向在很大程度上消解了现实的文化权威,使人们找到了娱乐与放纵、个性与张扬、反抗与颠覆的精神乐园。在这里,"狂欢的景观被演绎,狂欢的本质被诠释,狂欢的心态被证实,这对现实中难以找到宣泄出路的人们是一种极其宝贵的自由。但这种自由也只是一定范围内的自由,拟态的平等并不意味着现实的民

---

[1] 〔美〕约翰·费斯克著,王晓珏、宋伟杰译:《理解大众文化》,中央编译出版社 2001 年版,第 177 页。

主,因为狂欢本身就带有浓厚的乌托邦色彩。于是,由此生成的自由只能是幻觉,笑声又多少显得空洞和虚妄"。① 而对比期待视频分享网站等自媒体可以实现全民民主的不切实际的想法,过度娱乐化现象似乎更应该令人警醒。在这个无娱乐不成活的年代,"恶搞才是王道"成为网络的一句流行语。不仅《无极》可以恶搞,就连英雄人物和红色经典也难逃被恶搞的厄运。网络中大肆泛滥的恶搞现象将个人信仰、民族文化乃至国家的苦难历史都湮没在混乱无度的视觉拼贴中,掩盖在嘻嘻哈哈的无聊娱乐里。说到底,娱乐本身并没有错,但凡事都讲究适可而止,过犹不及。当"一切公众话语都日渐以娱乐的方式出现,并成为一种文化的精神。我们的政治、宗教、新闻、体育和商业都心甘情愿地成为娱乐的附庸,毫无怨言,甚至无声无息"时,"其结果是我们成了一个娱乐至死的物种"。② 所幸,这一可怕的梦魇尚未完全变成现实,娱乐也并非视频分享网站内容的全部。在视频分享网站多元化的语境表达里,既有个人感性情感的流露与诉求、理性思维的普及与深化,也有公民群体对社会发展前景的展望与憧憬,对现实问题的呐喊和倡议……匿名狂欢下闪耀的公民智慧令人欣慰,但防微杜渐、谨防过度娱乐化的进一步恶化同样任重而道远。

第三节 从乌合表达到理性传播

多年前,法国社会心理学家古斯塔夫·勒庞在其传世名作《乌合之众:大众心理研究》中对集体心态进行过极为详细的描述。在他的笔下,群体是一群随意又极具破坏性的乌合之众,"永远漫游在无意识的领地,会随时听命于一切暗示,表现出对理性的影响无动于衷的生物所特有的

---

① 赵勇:《民间话语的开掘与放大——论巴赫金的狂欢化理论》,《外国文学研究》2002年第4期。
② 〔美〕尼尔·波兹曼著,章艳译:《娱乐至死》,广西师范大学出版社2004年版,第5—6页。

激情,它们失去了一切批判的能力,除了极端轻信外再无别的可能"。①从视频分享网站产生的背景和发展的个性以及价值追求看,早期的视频播客参与者俨然带有显著的乌合之众的痕迹,匿名情境下的非理性表达占据了这一时期影像阐释的主流。伴随自身影响力的与日俱增,加诸视频分享网站之上的制约因素也逐步显现。在自律和他律双重效应以及发展压力的裹挟下,视频分享网站正在经历着一种从内而外的成长蜕变。其主要表现为:一是其参与者正在从初期非理性的匿名者成长为当下理性的公民,社会责任感和公民意识在增强;二是发展进程中时时闪耀的公民智慧正在取代单纯的个体狂欢,一味满足自我的人生观渐渐被关注社会的普世价值观所冲淡。这里将借用乌合之众群体心理学的相关理论,循着此种蜕变的轨迹解读分析视频分享网站中群体信息传播的嬗变,并对体现这一趋势的事实和缘由进行详细说明。

一、乌合表达:匿名情境下的非理性狂欢

日常生活互动常造就各种不同的类型格局,这些类型伴随与他人相处的经验和接触程度的不同,渐渐地由面对面的情境远离到匿名的情境。匿名现象的产生一方面使行为主体的真实身份得到妥善庇护,个体因而可以免于世俗社会规则的限制与压力,真实地表达自我诉求;另一方面,主体的隐蔽性亦降低了主体行为的社会约束,真实身份与心理动机的分离使匿名本身就含有非理性的成分。网络虚拟空间以数字化的信息模式组织、传播和呈现各种信息,兼具敞开和遮蔽二重性,匿名现象在此觅得了新的发展舞台。网络匿名既是现实匿名的延伸,同时又放大了现实匿名的非理性效应。现实社会中社会结构的对立和矛盾因此被赤裸裸地置

---

① 〔法〕古斯塔夫·勒庞著,冯克利译:《乌合之众:大众心理研究》,中央编译出版社 2005 年版,第 24 页。

于大众狂欢的广场,各种虚拟的价值感受、游戏的心态等被一一展示。

视频分享网站缔造的数字化空间承继了网络虚拟空间的一般特质。自它的建设到当下的相对成熟,其目标受众始终带有鲜明的匿名性的烙印。但是,他们又不仅仅是一群匿名的乌合之众,单一的匿名性并不足以涵盖这一群体的主要表征。从群体的年龄层次入手,20世纪80后、90后乃至21世纪00后的低龄大众赫然构成了视频分享网站用户的中流砥柱。他们乐于彰显个性、梦想一夜成名并热衷追逐娱乐狂欢。匿名的低龄化群体使视频分享网站的非理性表达成为可能。

根据媒介环境学派代表人物尼尔·波兹曼的论述,印刷时代是一个阐释的时代。阐释是一种思想的模式,一种学习的方法,一种表达的途径。[1] 所有成熟话语所拥有的特征——富有逻辑的复杂思维、高度的理性和秩序、对于自相矛盾的憎恶、超长的冷静和客观以及等待受众反应的耐心都被偏爱阐释的印刷术发扬光大。到了电视媒介盛行的年代,无聊琐碎、语无伦次成为电视的流行内容。公众话语的严肃性、明确性和价值都出现了危险的退步,文化精神枯萎,沦为一场滑稽戏。如今,媒介的泛娱乐化危机同样在视频分享网站之上得以应验。不仅娱乐类内容长期霸占视频分享网站点播榜的前列,草根大众作为个性化内容的主要生产者,其制作、传播的碎片化影像亦大都带有浓烈的娱乐化色彩。他们或是经由原创,或是通过对传统媒体内容的加工再演绎来赢得人们的关注。例如,风靡网络的原创配音集中胥渡吧的创始人胥渡就是一个地地道道的90后。自诩文艺青年的他,生活中并不搞怪,很宅、沉默寡言,却凭借一部搞笑十足的《人人都爱容嬷嬷》开创了创意配音的风潮。几乎以假乱真的声音配以重新剪辑后的视频画面震撼了众多网友。以此部作品为起点,胥渡吧迅速壮大,经典不断,犀利的吐槽涉及现实社会的多个方面,打

---

[1] 〔美〕尼尔·波兹曼著,章艳译:《娱乐至死》,广西师范大学出版社2004年版,第58页。

造了一种全新的品牌文化。与之相较,曾在 BBS 和博客流行伊始大红大紫的诸多网络红人却并未能借助视频播客的东风获取如以往一般的网络盛名。这除了网络几年间的发展已经让曾经的网络红人变旧人,不能再引发网友的热捧的原因之外,更为重要的原因是播客影音和博客文字表达方式的差异带来的影响。从 BBS、博客到播客,显然不是一个简单的表达形式上的更替,而是一个如何通过视觉影像在表达内容上的提升。影像的通俗易懂既打破了文字解码所带来的局限,"使人们在影像出现的短短 20 年内,就懂得了画面的纵深、隐喻和象征"①,也打破了文字和图片表达为大众预留的宽广的想象空间。直接形象的呈现方式激发了个体的冲动表现欲,亦极大增强了娱乐化的戏剧张力。

在此,娱乐类视频播客所承担的正向文化价值值得肯定。讽刺、幽默、恶搞类视频的大量涌现以一种近乎不确定的、游离的方式解构着传统精英文化的强势地位,彰显出大众文化无限蓬勃的生命力。但与此同时,玩笑和戏谑的娱乐精神的过度蔓延亦减弱了视频分享网站所应承担的媒体责任感,娱乐和严肃之间的固有界限惨遭瓦解。其中,有些视频播客创作者为获取惊险刺激的娱乐效果,不惜采用与早期电视上的家庭滑稽录像带相似的形式,把大量耸人听闻的真人实录放在网络上,进而挑战人体可能承受的极限。2010 年 7 月 30 日,一段拍摄于上海地铁 3 号线、长约 50 秒的惊险视频被国内各大网站纷纷转载。这段冠以《卧轨自拍》之名的视频以第一人称的视角记录了"列车驶来——拍摄者跳下铁轨——平躺在铁轨间——列车驶过急停——钻出车底——爬上站台"的全过程,引起舆论的一片哗然。此种以生命为代价、盲目炫耀的非理性行为在传统媒体的价值体系中常常被归为恶搞的行列,难登大雅之堂。但在理性的是非、善恶评价标准发生偏离,自娱自乐、随意任性成为匿名的芸芸众生

---

① 〔奥〕贝拉·巴拉兹著,何力译:《电影美学》,中国电影出版社 1986 年版,第 20 页。

新的游戏规则的感召下,类似荒诞不经的视频影像得到了网络群体的追捧,而不断涌现的网络新生力量还在不间断地进行着更新换代的工作,在大众视觉娱乐疲劳之前又会出现新人新作,视频分享网站就这样满足着庞大的网络群体的娱乐需求。

  视频分享网站过度娱乐化的氛围为网络炒作事件的频发提供了可乘之机。互联网时代,每个人都能成名 15 分钟。承载海量信息的网络为每个传播者提供了相同的机会,但也同样残酷地警示每个传播者,如果不能在第一时间抓住受众的目光,传播效果就几近为零。特别是随着网络社会从 WEB1.0 向 WEB2.0 转型,在一对一、一对多、多对多的互动传播格局视阈下,一个横向传播的社会已然形成。横向社会的成员或多或少都"接入"到信息传播的新技术中,并且进入到以超出传统的上下垂直的方式将人们联系于网络之中。[①] 信息的进一步泛滥和舆论场的愈加多元极大增加了引起公众注意力的成本,难度更高,压力更大。唯有具备新奇的内容和独特的形式才有可能在纷繁杂乱的信息海洋中脱颖而出。然而,社会转型期社会价值观的世俗化与功利化倾向已使人们渐渐远离严肃的精品创作,"除了追求一些有实际效用的具体目标外,不想去发掘自己的能力;他没有耐心去等待事物的成熟,每件事情都必须立即使他满意,即使是精神生活也必须服务于他的短暂快乐"。[②] 浮躁的社会风气驱使网络炒作者将创作的视角转向煽情、猎奇的社会事件,利用网民最原始的窥私欲和无聊心理达到吸引眼球的目的。其结果一方面造成耸人听闻的标题党现象盛行,众多人物和事件或被贴上以偏概全的标签,掩盖了事实的本质与真相;或有意无意间与性、腥等低俗字眼联系在一起,时时撩拨着大众脆弱而敏感的神经。另一方面,对比传统媒体,视频分享网站内容偏

---

① 〔加〕文森特·莫斯可著,黄典林译:《数字化崇拜:迷思、权力与赛博空间》,北京大学出版社 2010 年版,第 93 页。
② 陈力丹:《舆论学——舆论导向研究》,中国广播电视出版社 1999 年版,第 125 页。

向浅显直观的同时,在表达方式的选取上亦显得愈发激进。为赢得更多的点击率,炒作者经常主动爆料制造争议。他们可以出位,可以出轨,可以前卫,可以另类,甚至可以置道德底线于不顾,以身体为卖点,不择手段。不要客观只要偏激成为不言自明的潜规则。从这一视角出发,早期视频分享网站中存在的种种低俗化现象也就不难理解了。不但煽情、矫情、色情类内容随处可见,不雅的影像视频四处传播,评论文字亦继承了论坛文字的特色,点评犀利,用词刻薄。特别是针对一些社会负面现象,更是变本加厉地利用措辞夸张的文字和喧嚣煽情的语气激起受众的情感共鸣。这一切的一切助长了不良之风的滋长,扭曲了个人正确的价值观念,更严重影响了视频分享网站的公信力建设。面对这个脏话、粗话、谎话泛滥,言语攻击、人身攻击、地域攻击屡见不鲜的虚拟社区,什么是真相,什么是假象,人们已无从分辨;谁是可信的,谁是可疑的亦难以判断。对视频分享网站的此般信任危机如若任其恶化,其基本的信息传播功能或被摧毁,视频分享网站在不自觉间彻底沦陷为谣言的集散地和网络炒作的秀场。

　　不仅如此,视频分享网站虚拟、开放和自由特性也为网络起哄、人肉搜索等不良网络集群行为的兴起埋下了伏笔。众所周知,社会由个体组成,个人的心理和行为对整个社会的运行具有相当的影响力。尤其是当个体的心理行为趋向与社会倡导的价值取向发生冲突甚至背道而驰时,就会形成一股强大的心理压力。它所导致的社会行为更多基于压抑的情绪,往往产生负社会效益。因此,对社会高速发展期间所产生并积聚的种种矛盾和冲突宜尽快化解而不宜蓄积;对不满的情绪宜尽快疏导而不宜堵截。视频分享网站通过允许行为的自在表达而防止了被堵塞的敌意倾向的积累,起到了社会安全阀的功效。现实生活中受到压抑的大众因而得以在网络虚拟的广场上进行着欲望化的言说,演奏着话语的狂欢曲。遗憾的是,一如冲突功能理论所描述的那样,冲突虽提供了敌对情绪的替代目标以及发泄的手段,经由这些安全阀,敌意不至于指向原初的目标。但"在对替代目标进行攻击时,尽管可以通过沟通引开攻击的通道而使原初的关系得到保护"①,然而一场新的与替代目标的冲突仍将会发生。这种替代也要由社会系统和个人付出代价。同样的,视频分享网站在担当社会安全阀这一角色时也是有代价的。负面的社会情绪一旦在视频分享网站上找到合适的宣泄的缺口,就会迅速地传染给其他网民。起初或许只是个人零星的微弱抱怨,诉说着生活与工作中的琐碎与不满。这种颇有共识的由头经过网络的转发与分享而快速传播开来,以致扩散至无数的网络终端。不满宣泄的力量不断强化,宣泄的对象逐渐扩展并借助对网络事件的关注扩大到对社会公共事务的讨论。由于视频分享网站的用户冲动、易变且急躁,他们不接受推理,只能用形象来思维,偏执、专横又保守,因此讨论的议题在不断深入化与扩大化的过程中常常远离网络事件的客观事实本身,后褪变为带有情绪宣泄的对现实社会矛盾与问题的批判。网民群体的非理性极易在某些意见领袖的引导下走向失控的极端化,演变成一群名副其实的网络暴民。他们以道德之名恶意制裁他人的倾向极有可能对社会系统和个人造成新的伤害,甚至产生新的矛盾。近年来,类似的网络群体事件层出不穷,药家鑫案即是其中之一。

  如今,再次回首药家鑫杀人案的始末,网民群体的反复无常依然耐人寻味。从最初极力要求药家鑫死刑到为药家鑫之死拍手称快再到质疑药家鑫被判死刑是否受到喧嚣一时的社会舆论的影响,其行为和态度因事件的推展而发生多次明显的转变。狂热表达后的理性追问将彼时网民的非理性映衬得更加淋漓尽致。唯一值得商榷的是此种总结和反思的力度和效果究竟如何。普通大众运用视频分享网站等新媒体对社会热点事件的意见表达和讨论自形成议题、舆论升温、集中热议到舆情衰退,议题骤

---

① 〔美〕L.科塞著,孙立平等译:《社会冲突的功能》,华夏出版社1989年版,第29页。

起骤降,形成快,衰退也快。大众往往还没有从一个事件中完全抽离,另一事件便接踵而至。符号的意义不停地流失和消散,变得愈加难以把握。即使是曾经的全民关注也最终难逃被遗忘的厄运。群体事件频繁发生,公众的反思与同情被过度消耗,长此下去,公众要么变得更加极权暴力,要么变得麻木不仁。

二、公民智慧:理性意志的广泛传播

早期视频分享网站在匿名情境下的上述非理性表达固然不妥,但考虑到当初尚未有任何免疫力的视频分享网站所处的混乱的网络环境,它的诸多不良表现也就拥有了值得理解和同情的理由。而且,如果网民仅仅只是一群简单的乌合之众或狂欢之徒的话,网络很可能早已在爆炸式的信息中沦为语言暴力的刑场或直接导致瘫痪。事实上,随着网络传播不断向着正确的方向推进,从匿名者成长为公民,群体的智慧取代大众的狂欢已经成为新的网络特征和推动网络发展的必然力量。身处其间的视频分享网站在信息传播方式与内容上的转变同样有着赢得社会认可的良好作为。

在新闻传播领域,传统新闻媒体历来是重大新闻事件的主要记录者和参与者。无数的新闻素材经由专业的媒体从业人员采集、编码后向社会大众广泛发布,成为普通民众认识和了解外部世界的一个窗口。可是,受时间、空间、人力等主客观因素的限制,专业新闻记者无论多么勤奋也不可能出现在所有新闻事件的第一现场。特别是面对重大突发事件,传统媒体往往难以及时赶至而错失一手的影像资料。此时,现场目击者就成为专业队伍最好的替补,也唯有他们才有可能记录下那一幕幕颇具历史意义的瞬间。伦敦地铁大爆炸的发生堪称新闻传播历史上一个标志性的事件。一直被当作玩具的拍摄手机为媒体提供了大量记录爆炸现场的照片和视频。虽然所拍摄到的影像没有经过多少视听语言艺术的修饰,成像质量上亦无法与专业摄影师相提并论,但最直接真实的现场信息仍然使其具有了无与伦比的新闻价值。在随后的多次突发灾难、重大社会事件面前,普通受众在"正确的时间、错误的地点"运用手中器材拍摄照片和视频并将其上传至视频分享网站成了新闻界的一个"异象"。它正以意想不到的数量和速度显示了沉默的大多数参与公共话题的热情。这些来自民间的播客影像凭借在现场感和时效性上得天独厚的优势,担当起难得的社会影像记忆和还原现场唯一依据的重任。2009年2月9日,北京市京广桥附近的央视新大楼北配楼发生火灾,浓烟滚滚,火星四射,159米高的大楼被熊熊烈火无情吞噬。聚集在附近的众多围观群众通过互联网最早对事件进行了报道并通过大量的视频、图片和文字对现场进行了全方位、直观立体的呈现。其中,优酷用户在火灾发生的第一时间就上传了此次火情的第一条视频,且迅速通过审核被推荐到首页。短短一小时内,这个画质粗糙、晃动严重的视频就吸引了超过20多万人次观看,视频网络的影响力可见一斑。不久,越来越多来自火灾现场不同角度的影像播客被发布,及时、多元化的报道最大限度地满足了受众的知情权,引发了人们的积极关注,产生了热烈的社会效应。而反观主流新闻媒体,其对此次突发事件的反应明显迟缓许多。新华社在主流媒体中第一个发出有关火灾的快讯之前,对火灾的报道和评论早已在优酷、土豆乃至国外的YOUTUBE等网站上铺天盖地地展开,传统媒体再一次被草根媒体所超越。

非但这样,视频分享网站还能记录大量传统媒体人在现场却因种种原因无法对外公布发表的图文内容,传统媒体的领域因视频分享网站的出现被撕开了一个缺口。例如,江苏教育电视台某竞猜节目曾邀请网络上争议颇多的干露露母女参加节目录制。录影当天,干露露不仅穿着性感、现场频频走光,母女二人更是大爆猛料、粗口不断。如果没有视频播客的存在,此事将在传统媒体的掩饰下成为坊间的流言蜚语,或许永远无法被揭开真相。所幸的是,在场人士所拍摄的视频随即被发至各大视频播客平台,广大网民在第一时间看到了这场闹剧的实况,引来阵阵声讨。很多网友在痛斥干露露母女之余,更斥责该节目无水准,为收视率不择手段。一家教育台罔顾媒体社会责任,做出这样一期毫无内涵、脏话连篇的节目,着实令人大跌眼镜。很快,该节目就被国家广电总局勒令停播并严禁丑闻劣迹者发声出镜。广电总局的这一举措受到了社会各界的一致认可,堪称是对唯收视论和娱乐至死的一记当头棒喝。

除勇敢面对突发事件的第一现场,民间草根纪实性内容也是视频分享网站影响社会的一种重要方式。长期以来,传统影像都是整套制作班底合力运作的产物,有着巨大的诱导功能。它以全方位的传播领域和全能的传播视点,将分散的、孤立的、单独的受众行为整合成了统一的、群体的社会行为,使得人们在观看之时能够找到一种在公共生活中难以找到的共同语言。它不仅仅是消遣和娱乐,而且是一种主流意识形态的强化。传统媒体在内容上的此种议程设置,以及在传播工具与渠道上的垄断,造成了网络舆论发展的不平衡,视频分享网站的崛起则被视为消除传统媒体这一弊病的一剂良药。由于视频播客的拍摄者大都来自草根,来自生活底层,因此在许多时候和场合都比传统媒体拥有更多记录现实社会的机会,对现实生活的再现也更加原汁原味。这些主要依靠个体创作的平民化影像摆脱了政治的、宗教的、意识形态的束缚,传统影像所隐喻的共同语言消失了。透过形形色色、丰富多彩的生活记录片段,人们能够观察到各种各样的社会现象,领略到社会现实的善与恶、美与丑,洞察潜在的社会危机。视频播客《巴士大叔》就是一部具有代表性的生活记录片段。该影片内容十分简单,一名男子在香港公交车上大声讲话遭指责后痛说对社会的不满。长达5分钟的镜头一直聚焦于巴士大叔,他所讲的每句话都能听得一清二楚。一句"你有压力,我有压力"真实地反映了快节奏生活下的香港人的普遍心态,成为社会的流行语。在内地,众多网民也对

《巴士大叔》产生了强烈的反应与共鸣,进一步证实了这种压力在社会中的普遍存在。

视频分享网站对新闻现场和生活片段的记录吸引了众多网民的围观,亦产生了奇特的凝视现象。依照福柯的观点,公共场合的凝视、注视本身就是一种权力。在注视和凝视的过程中,权力会被再生产、再分配。他以医院、圆形监狱为例来说明现代社会是如何运用无所不在的凝视来达到只有权力才有的监督功能的。在他看来,将需要监督的事务暴露在众目睽睽之下,便会使人变得温顺、合乎规则,就像用现代军事理论武装起来的驯服的士兵一样,随时以服从命令为天职。这是一种权力的自动运作,也是一种权力的化境。从视频分享网站存在的诸多经典个案入手,网络围观中也存在着凝视权力。虽然网民的集聚常常拥有不可控的杀伤力,但在积极、进步、有意义的暗示下,群体也可以表现得崇高而有益。当面对社会丑恶现象,人类天生的公平正义感往往占据情感的上风,网民群体借由自由、自主的发声,甚至"只看不回"、"只看不说"等手段推动着网络空间的表达热潮。这些围观将原本处在隐匿状态的公共权力放置到了一个公众目所能及的地方,行政权力得到监督甚至得到某种程度的控制。其直接表现就是政府有关部门在网络围观前将几乎清一色的推诿、不作为迅速替换为果断、高效率的行动,以此来回应网民群体的现实需求。

2011年10月13日,广州2岁女童小悦悦不幸惨遭两车相继碾压。在7分钟内,18名路人路过却都视而不见、漠然离去,直至最后,一名拾荒阿姨上前施以援手。相关视频在优酷曝光后迅速引起了网民的围观。一天之内浏览该视频的人数就超过了10万人次,积极参与评论的很快就超过了1万人。随后,每天浏览、留言的围观人群成倍剧增,小悦悦事件因此被符号化,不仅成为我国各类媒体和民众热议的话题,亦引起了国外众多新闻媒体的关注。它们以小悦悦事件为题材,制作专题片,抨击中国社会屡次发生的见死不救事件。小悦悦事件极其恶劣的社会影响使政府的压力急剧增大,当地相关部门立刻组织人员全力破案。在案发当天,第二辆肇事车逃逸司机即被锁定。之后,在警方的强大攻势和舆论压力下,第一辆肇事车辆的驾驶员在其岳父的陪同下投案自首。两名肇事者均涉嫌交通肇事罪被警方刑事拘留。

小悦悦事件"稳、准、狠"的解决离不开网民围观的支持。在这里,网民围观凸显出了一种早期网络公民社会的痕迹。无论是围观人数、围观手段还是围观结果,都无一不显现出公民自主组织自己,积极参与公共事务的态度,蕴含着丰富的公民智慧。很多与小悦悦相似的案件皆因遵循这一模式而在短期内形成结果。尽管这些结果并不能都令人满意,但至少促进了政府工作效率的改善,颇有几分"弱者的武器"的意味。

在围观凝视之外,视频分享网站品牌价值与公众媒介素养的不断提升也使其日渐成长为个人或群体捍卫自身权利、主动维权的新通道。如果说传统三大媒体时代的舆论发展可以称之为"蜂窝煤时代",蜂窝煤起火点高,不容易点着,一旦点着了就看得见烟,看得见火,甚至可以看得见是谁在那里煽风点火,然而新媒体时代的舆论发展则进入了"微波炉时代"。你看不见烟也看不见火,甚至看不见是谁在那里煽风点火,但舆论却能在一个很短的时间里达到一个峰值。[①] 视频分享网站身为新媒体家族的一分子,在社会舆论引导方面同样发挥着举足轻重的作用。仿若麦克卢汉"媒介是人的延伸"所指出的,它不仅仅延伸了视听内容,而且延展了视听时空,实现了从两级传播向 N 级传播的转变,传播能力大为增强。诸多弱势群体因此在维权无门或维权无果的窘境下开始主动尝试把视频分享网站当作维护自身合法权益的突破口,希冀借助其社会影响,使自己微弱的求助之声被更多人听到。

传播学大师尼尔·波兹曼在 2000 年的媒介环境学会年会上曾提出

---

① 汤莉萍:《影像叙述现实——网络视频新媒体播客传播研究》,四川大学出版社 2012 年版,序一第 2 页。

指导认知媒介的四个问题：媒介在多大程度上对理性思维发展做出了贡献？媒介在多大程度上对民主的进程做出了贡献？新媒介在多大程度上使人能够获取更有意义的消息？新媒介在多大程度上损害了我们的道德感和向上的能力？① 批判视野下重新审视视频分享网站的发展现状，我们可以看到，在视频分享网站这一辽阔的平台上既有娱乐肤浅的内容，又有理性深刻的追思；既有乌合之众、群氓之首对民主精神的践踏，也有大众诉求的积极表达对社会民主的推进；既有繁多琐碎、虚假色情的垃圾信息，也有对新闻突发现场和草根生活的生动呈现；既有对弱小同情与怜悯的人文情怀，也有感性情绪被极端放大后的狂热无常。理性、非理性的声音和形象正共存于并将继续共存于视频分享网站中。尽管如此，视频分享网站理性公民的发展趋势已成必然。这种趋势不仅让大众拥有了更多创造媒体内容的权利，而且群众的智慧在技术结构转型与自媒体环境之中被激发，其社会影响力伴随着视频分享网站的成熟和理智将进一步增强。

　　许多经典理论虽起源于特定的社会背景，是针对彼时情况提出，提出者或许并未能设想到今时今日的社会面貌，理论构想在彼时或许也只是部分实现，但它们却犹如麦克卢汉地球村的设想一样，契合了时下虚拟空间的发展现状，在网络社会的今天得以验证、补充和完善。更重要的是，从经典社会学视角阐释视频分享网站的社会责任与如何传播正能量等现实问题的设想就具备了操作的可行性，能为解决现实问题提供高屋建瓴的理论指导。

---

① 何道宽：《媒介环境学的思想谱系——媒介环境学评论之三》，http://media.people.com.cn/GB/40628/5803106.html.

结　语

当今媒介已经进入影像化传播时代,从报纸、杂志、图书到电视、电影、网络、手机等,纷纷呈现出以影像化视觉符号为主体的传播形态,传播是一切意义建构与分享的行为,而媒介反映、再现和建构真实是现代人感知客观世界的依据。近些年来,借助媒介技术的发展,影像化媒介开始主导人们的认知体系,视觉符号已经逐步取代言语符号,成为人们开展信息分享及传递的主要形式。面对日益发展的影像化世界的到来,我们将以媒介符号系统为理论基础,沿着影像化媒介的历史脉络,梳理媒介影像化的历史基础,分析当前影像化媒介的主要特征,展望未来媒介影像化的趋势。

一、理解媒介影像化发展的基础:作为视觉与语言的符号系统

谈到影像化媒介,视觉符号系统无疑是其主要特征,普遍意义上的媒介影像化过程就是在以语言符号为主导向视觉符号为主导系统的转换中完成的,而分析两种符号系统的关联可以发现,它们远不止替代与演变的简单关系。人类对外界的感知以视觉影像为基础,原始时期未出现语言时,人类对自然的认识主要是以视觉符号系统为主,例如原始壁画、图腾等形式。同时,人类对外在世界的认识也是主要以影像的视觉符号形式

存储于大脑之中,这时期的"人是悬在由他自己所编织的意义之网中的动物"。① 所以,现在以新媒体技术为出发点审视的视觉符号文化恰恰是对人类最古老最原始的认知体系的一种回归。然而当前所关注的媒介影像中的视觉符号早已披上了先进技术的外衣,它早已脱离了其原始时代的形式,今天的影像化媒体充斥了电子技术下的视觉符号所建构的虚拟真实。可以说技术是当今媒介影像化的原始推动力,而这个推动力的源头可以追溯到工业化的机械复制时代摄影术的发明,在这之后产生的电影、电视、电脑、手机等无不在各自产生的新技术中推动着媒介影像化的进一步发展。

从另一方面看,语言是对影像世界抽象化、概念化的结果,早期原始文明形成的以象形字为基础的早期语言符号系统是对影像视觉符号的概念化过程。这个过程完善了人类的逻辑思维能力,借由语言符号的产生,人类发展出了高度发达的抽象思维能力,这也是人类成为现代人的前提,可以说语言符号的广泛使用是人类规模化传播行为的基础。谈到语言符号和视觉符号体系,值得注意的是中国的汉字体系,以汉字为形式的符号体系兼具语言符号和视觉符号体系的双重特征。以汉语和英语对比而言,汉语属于汉藏语系,英语属于印欧语系,这两个语系涵盖了世界上绝大多数的国家和人口,以这两个语系为主导,发展出了当今世界区分明显的东方和西方两个文明。汉字由象形字发源,形成了表意为主兼具表音部分的特殊结构,而英语是完全的表音字母,乔纳森·霍夫勒曾经说过,"印刷就是将声音的轨迹记载为运动的图画"②,考察汉字的表意特征,它是由具体事物形象抽象而成,本身就具有视觉符号的特性。所以说,要想理解媒介影像化发展的基础,就离不开对视觉与语言符号系统的全面认识。

---

① 〔美〕克利福德·格尔茨著,韩莉译:《文化的解释》,译林出版社 2008 年版,第 5 页。
② 〔美〕保罗·M. 莱斯特著,霍文利等译:《视觉传播:形象载动信息》,中国传媒大学出版社 2003 年版,第 128 页。

二、理解媒介影像化发展的过程：作为人类文明发展史

人类发展历经农业文明、工业文明和信息文明三个时期，与之相应的，媒介及其影像化发展在这三个时期分别表现为反映、再现和建构真实的三个阶段。

一是农业文明时期媒介的影像化反映。农业技术文明时期，人类谋求在自然中的生存，这一时期的媒介核心是更好地记录、反映自然和社会真实。随着文字的出现，以早期图腾、石刻、雕塑、绘画为主的影像视觉符号开始向以羊皮、竹简、纸等为载体的语言符号体系过渡。这一时期，人类开始对未知的自然进行探索活动，基于对自然现象未知的恐惧，形成了以宗教为主导的文化传播活动。早期人类借由宗教理解自然现象，因此这一时期的视觉符号系统带有明显的仪式传播特点。虽然还不具备大众传播媒介出现后的传播效果，但是这一时期形成的主要视觉符号多带有神圣的意蕴，由此形成的经典视觉符号形式至今都有深刻的含义和影响。考察这一时期的视觉符号文化，绘画是个重要的方面，关于绘画这种影像表达的方式，东西方世界的表现方式出现了明显的差异。西方的古典绘画以再现外在世界为目的，所描绘影像以高度写实的手法为主，而东方的绘画无论是山水画、人物画都是意象化诗意的表现方式，描绘外在世界多采用虚化的处理手法。可以说中国画的影像符号空间再现的是创作者的内在世界，创作者通过中国画的影像方式达到的目的是表现作者内在世界的诉求和精神空间。关于这点，还有一个例证，中国画多带有题字，欣赏中国画时题字是理解画面影像内涵的重要方面，可以说没有题字的提示，读者是很难解读创作者要表达的真正意蕴。而题字在西方绘画中却很少见，因为西方绘画追求的是对外在世界的精确描绘，其画面所展现的影像空间尽量接近于人所认识的真实世界，是不需要另加文字解释的。

二是工业文明时期媒介的影像化再现。人类以工业技术为基础大规

模改造自然,工业化的结果形成了当今较为完善的社会形态。借助于启蒙思想带来的人类认识的改造,人类对自然对社会的认识开始脱离宗教思想的主导。随着电子介质的出现,媒介活动由反映社会真实转为再现社会真实,同时媒介信息系统的主体开始由语言符号向视觉符号转换。作为这一时期的影像化媒介的标志,摄影术和电影的发明开创了视觉文化主导的时代。摄影术发明于19世纪,以达盖尔的银版摄影术为标志,如同印刷术对语言符号传播起到的开创性作用一样,摄影术的发明是媒介影像化的开端。虽然工业化之前人们已经利用绘画、版画等方式尝试影像的复制传播活动,但"摄影术发明后,人类才真正具备了影像传播的基础条件,人类的手不再参与图像复制的主要任务,从此这项任务保留给盯在镜头前的眼睛来完成"[1]。摄影术除了在媒介技术上的突破之外,其对人类媒介认知体系也起到了巨大的推动作用,可以说"照片是影像因时间而凝固的片段,这是人的自然认知中不可能存在的,人的自然认知中所看到的影像是流动中的,眼睛所见的流动影像的瞬间是无法追溯的,而摄影术的出现提供了这个功能。可以说照片传播的不仅仅是艺术,而且还有整个的过去以及正走在无情地变成过去的道路上的现在"[2]。有了摄影术的基础,电影得以诞生,以卢米埃尔为代表出现了早期电影的探索活动。从心理认知学的角度来看,电影利用了人的视觉暂留原理,呈现了接近于人日常所见的流动影像,正因为这样,电影呈现的视觉影像流更接近于人的自然思维模式。电影的出现一开始便引起了人们的巨大反响,早期的电影更多地带有记录性,反映的是电影再现自然、再现社会真实的功能。摄影术和电影共同建构了媒介影像化的基础,从它们诞生到现在的一百多年间,虽然它们的形式发生了很大的改变,但其内涵却没有变化,它们仍是人们影像化认识自然、认识社会真实的主要途径。

---

[1] 〔德〕本雅明著,许绮玲译:《迎向灵光消逝的年代》,广西师范大学出版社2004年版,第59页。
[2] 〔美〕苏珊·桑塔格著,陶洁译:《重点所在》,上海译文出版社2004年版,第263页。

三是信息文明时期媒介的影像化建构。进入信息社会的后工业时代,人类社会已经越来越远离自然,而人类认知社会真实的主要途径就变成了媒介,而媒介发展到现在,它不但反映、再现社会真实,而且与社会真实相互影响,媒介也在建构社会真实。基于这点,人们的能动性也在提升,传统的受众不再一味地依靠媒介,而是更主动地参与到媒介信息的生产中,尤其是影像化的符号生产过程中。技术的发展无疑会影响媒介的形态,每一次的社会技术变革都会对当时的媒介形态产生巨大的推动作用。审视自信息时代到今天的媒介技术,其核心是去除了专业化大众媒体的传播权威统治,借助于网络移动通讯等技术的支持,作为社会的个体开始具有大众传播的能力。通过越来越简单但功能越来越强大的个人媒介终端,社会的个体开始批量地生产传播媒介信息。而值得注意的是,社会个体参与下的媒介环境更是表现为向影像化符号转换的趋势。而推动这种媒介环境中影像符号传播的主导动力来源于三个方面:

首先,来源于与原始认知方式的契合。如前文提到的,影像视觉符号是人类原始认知方式,基于新媒体技术的发展,影像化符号又重新主导着人们的认知空间,不过,相比原始认知方式,新媒介环境下的人们更多通过屏幕(显示器)来看世界,而不是直接用眼睛观察。其次,来源于信息爆炸的压迫。当今媒介环境中信息不断以几何数量递增,受众面对充斥视觉符号和语言符号的媒介系统,必然会有倾向性地选择接收。而影像化的视觉符号系统显然在被选择的过程中占有优势,原因就在于影像视觉符号接近于人的自然认知,解读影像信息更加容易。而语言符号是对外部世界的概念化、抽象化,对于受众的信息理解设置了一定的门槛,而解读语言符号需要更多的思维参与,难易之间的选择使受众转向相对容易解读的影像符号。第三,来源于个体创造的动力。信息社会下,借助于新媒介的技术革新,社会中的个体也具有了等同于大众媒介系统的传播能力,社会个体在制作传播媒介信息中也倾向于选择以影像化视觉符号为主要载体。

三、理解媒介影像化发展的方法：作为影像文化的传播

面对当今影像化媒介时代，视觉符号传播的研究成为了当代媒介研究中一个重要的领域，而分析和理解影像化媒介的内涵尤为重要。借由媒介影像化的趋势，视觉文化研究展现了其越来越重要的价值。进行视觉文化研究所面临的首要问题就是方法论的选择，借助詹姆斯·凯瑞在《作为文化的传播》中对传播活动的理解，对于媒介的影像符号，我们也可以从文化的视角予以阐释。传播学研究的主流范式集中在实证、批判和诠释这三大方法论上，实证主义方法借用社会科学方法，以量化统计为工具，实证主义至今仍是美国传播学研究领域的主流范式。批判理论源起于马克思主义思想，后为法兰克福学派所继承发展，其在欧洲的传播理论中曾经占据主导地位，法兰克福学派思想对中国的传播学领域也有广泛的影响。诠释的方法应用于传播学的研究是受到了韦伯近代社会科学方法论的影响，在文化人类学的研究中，克利福德·格尔茨对于人类文化的阐释学研究方法为传播学研究树立了一个很好的典范，所以将诠释的方法引入传播学的研究是很有必要的。

用诠释学的方法理解影像化媒介的优势体现在，它能够充分地解释作为文化本源的视觉文化符号体系，自然科学追求的是对自然普世性规律的揭示，而作为传播学领域的媒介影像研究关注的是对文化特殊性的阐释。实证主义更加关注传播效果的研究，虽然实证研究借用了自然科学的统计方法，对传播过程研究起到了一定的作用，但应注意到，传播活动作为文化具有特殊性，而量化的过程忽视了个体文化的特殊性和个体在文化传播中的能动性。批判主义的研究方法更重视传播过程中意识形态的影响，以"否定的辩证法"来审视媒介，其方法对于传播媒介的研究有一定的指导作用，但也应注意到，批判的方法关于媒介环境内涵的揭示主要适用于某些特殊环境时期下的媒介信息,如果将批判的方法广泛地引入影像化媒介的研究中,同样会出现对媒介影像化中所蕴含的文化意义的忽视。所以,理解影像化媒介,需要以文化的视角阐释影像文本,以诠释学的方法理解视觉符号传播的文化内涵。

综上所述,追溯媒介影像化的发展历程,我们看到了当今世界中影像视觉符号体系所起到的越来越显著的主导作用,关于这个趋势对未来媒介形态产生的影响,还需要密切地关注。当前信息社会呈现全球化的趋势,媒介影像化也正适应了这一趋势。各国各民族的语言文化有一定的差异,以语言为基础的抽象化的语言符号很难在不同国家民族背景下传播开来,而影像符号却能突破这个障碍。对于影像视觉符号,不同语言背景下的人们也能获得较好的沟通、认知、交流和理解,所以,在全球化的文化传播背景下,媒介传播的影像化也是一个必然的发展趋势。

媒介融合背景下,电视媒介也面临着挑战与变革,伴随影像生产的数字化、传播的网络化,产生了各种类型的网络视听新媒体,它们的产生弥补了原有电视媒介的不足,在使用功能上对传统电视媒介又能基本覆盖,这些新的视听媒体相对传统电视具备诸多优势:基于互联网、移动数据网的强大传播能力;基于网络资源库平台的丰富资源;基于智能终端的点播、互动等良好用户界面等。面对网络视听新媒介的崛起,传统电视的"家庭中心地位"面临巨大的挑战。

电视媒介流行于大众生活只有几十年,在这期间,电视成为大众家庭中不可或缺的成员,它普遍居于客厅的中心位置,而谁能掌握电视遥控器也成为了家庭权力的象征。进入信息社会,电视的中心位置受到多方面的挑战,越来越多的受众习惯于网络视听媒介的影像消费,电视媒介的关注度被逐渐分散,曾经的大众影像消费的主渠道地位也逐渐在消解。

信息社会背景下,对电视影像传播的研究越来越多地关注到了技术对其产生的影响,新媒介技术的发展引发了传统电视传播基本模式的变革,数字化、网络化引发了人们对影像传播活动新的认识。无论是传统电视,还是涌现出的各类视听新媒体,它们都具有共同的视觉文化、影像传播的核心属性。媒介外在样式虽然被技术元素改变,但其内涵依然延续,传统媒介研究的基本理论框架具有对新旧媒介解读的通用性。当前,电视影像传播在超越传统的过程中自身也在发生着一系列的变化,然而无论怎样变化,传统电视带给人类社会和受众个体的将是连绵不断的影响与永不湮灭的印记。

参考文献

〔美〕保罗·莱文森著,何道宽译:《手机——挡不住的呼唤》,中国人民大学出版社,2004

〔美〕保罗·莱文森著,何道宽译:《新新媒介》,复旦大学出版社,2011

〔英〕约翰·汤林森著,冯建三译:《文化帝国主义》,上海人民出版社,1999

〔加〕马歇尔·麦克卢汉著,何道宽译:《理解媒介——论人的延伸》,商务印书馆,2000

〔德〕本雅明著,王木勇译:《机械复制时代的艺术作品(摄影小史)》,江苏人民出版社,2006

〔美〕马克·波斯特著,范静哗译:《第二媒介时代》,南京大学出版社,2001

〔美〕约书亚·梅罗维茨著,肖志军译:《消失的地域:电子媒介对社会行为的影响》,清华大学出版社,2002

〔美〕丹·吉摩尔著,陈建勋译:《草根媒体》,南京大学出版社,2010

〔美〕马克·波斯特著,范静哗译:《信息方式:后结构主义与社会语境》,商务印书馆,2000

〔美〕欧文·戈夫曼著,冯钢译:《日常生活中的自我呈现》,北京大学出版社,2008

〔美〕威尔伯·施拉姆等著,中国人民大学新闻系译:《报刊的四种理论》,新华出版社,1980

〔美〕詹姆斯·索罗维基著,杨昱珍译:《群众的智慧》,台湾远流出版事业股份有限公司,2005

〔丹〕克劳斯·布鲁思·延森著,刘君译:《媒介融合:网络传播、大众传播和人际传播

的三重维度》,复旦大学出版社,2012

〔美〕保罗·M. 莱斯特著,霍文利等译:《视觉传播:形象载动信息》,中国传媒大学出版社,2003

〔美〕詹姆斯·罗尔著,董洪川译:《媒介、传播、文化:一个全球性的途径》,商务印书馆,2012

〔法〕古斯塔夫·勒庞著,冯克利译:《乌合之众:大众心理研究》,中央编译出版社,2005

〔美〕罗伯特·L. 希利亚德,迈克尔·C. 基思著,秦珊译:《美国广播电视史》,清华大学出版社,2012

〔美〕约翰·费斯克著,祁阿红等译:《电视文化》,商务印书馆,2005

〔英〕尼古拉斯·阿伯克龙比著,张永喜等译:《电视与社会》,南京大学出版社,2002

〔英〕弗兰克·韦伯斯特著,曹晋等译:《信息社会理论》,北京大学出版社,2011

〔英〕戴维·莫利著,史安斌译:《电视、受众与文化研究》,新华出版社,2005

〔法〕鲍德里亚著,刘成富等译:《消费社会》,南京大学出版社,2008

〔美〕罗杰·菲德勒著,明安香译:《媒介形态变化:认识新媒介》,华夏出版社,2000

〔法〕罗兰·巴特著,李幼蒸译:《符号学原理》,三联书店,1988

〔美〕克里斯·安德森著,乔江涛译:《长尾理论》,中信出版社,2006

易绍华:《电视的活路——数字化背景下电视媒体的网络化生存研究》,厦门大学出版社,2010

孟建:《图像时代:视觉文化传播的理论诠释》,复旦大学出版社,2005

周宪:《视觉文化的转向》,北京大学出版社,2008

杨小滨:《否定的美学——法兰克福学派的文艺理论和文化批评》,上海三联书店,1990

匡文波:《手机媒体概论》,中国人民大学出版社,2006

吴炫:《中国当代文化批判》,学林出版社,2004

何怀宏:《伦理学是什么》,北京大学出版社,2002

庞井君:《中国视听新媒体发展报告》,社会科学文献出版社,2011、2013

黎斌:《电视融合变革:新媒体时代传统电视的转型之路》,中国国际广播出版社,2011

汤莉萍:《影像叙述现实——网络视频新媒体播客传播研究》,四川大学出版社,2012
尹韵公:《中国新媒体发展报告》,社会科学文献出版社,2011
彭兰:《中国网络媒体的第一个十年》,清华大学出版社,2005
喻国明:《微博—— 一种新传播形态的考察》,人民日报出版社,2011
官建文:《中国移动互联网发展报告》,社会科学文献出版社,2012
郑凤:《移动互联网技术架构及其发展》,人民邮电出版社,2013
田智辉:《新媒体传播——基于用户制作内容的研究》,中国传媒大学出版社,2008
赵子忠:《对话:中国网络电视》,中国传媒大学出版社,2011
朱海松:《第五媒体——无线营销下的分众传播与定向传播》,广东经济出版社,2005
衣俊卿:《现代化与文化阻滞力》,人民出版社,2005
陆小华:《新媒体观——信息化生存时代的思维方式》,清华大学出版社,2008
赵一凡:《欧美新学赏析》,中央编译出版社,1996
黄建生:《戈夫曼的拟剧理论与行为分析》,《云南师范大学学报》,2001(04)
王传晓:《博客日志传播与个人后台行为前台化》,《今传媒》,2006(05)
刘瑞生:《播客:WEB2.0时代的典型传媒形态——国内播客现状研究》,《中国传媒科技》,2006(11)
祁兵:《播客的发展及对电视媒体的影响》,《新闻世界》,2009(8)
魏武挥:《无极 VS 馒头:大众传播功能主义学的解读》,《国际新闻界》,2006(04)
范东升:《公民新闻的兴起和启示》,《国际新闻界》,2006年(1)
刘磊:《新媒体环境下播客发展研究》,上海师范大学硕士论文 2009
方兴东:《博客与大众传播——互补与融合》,《新闻实践》,2006(5)
田智辉,贾甲:《主流媒体应对博客策略分析》,《现代传播》,2006(5)
朱江梅:《"播客"现象与传播学观照》,《中国传媒报告》,2005(10)

后　记

在当前媒介研究中，媒介融合显然是一个最为热门的关键词之一，因为"融合"概括了当前媒介发展的一个总体趋势。而理解媒介融合要回归到对传播本体的认识上，如克劳斯·布鲁斯·延森所说："传播媒介处于物质实在和非物质实在之间。凭借与众不同的建构方式，数字媒介给世界带来了翻天覆地的变化，并有可能使得物质实在与非物质实在之间的界限产生根本性的改变。"① 数字技术、信息技术扩展了我们对传统电视媒介形态的认识，信息时代的这种融合更是将大众传播与人际传播、组织传播统统整合到了一起，媒介真正成为了人与社会的延伸。从融合的角度看，传统电视应与其他影像媒体一起被置入同样的理论阐释框架之中。于是，我们将用超越传统的思维观念对当代电视影像传播的嬗变进行深入分析：立足格局重构的发展现状，解读媒介融合背景下电视影像传播的新动态；依据路径拓展与选择的多元化，探索电视媒体与视听新媒体融合发展的新趋势；透过媒体延伸的触角与视角，展望多维视野中视听新媒体的新发展。这既是本书能够成型的理论动因，也是作者多年以来为此不懈思考的一份交代。

本书的完成离不开历届毕业研究生的参与与支持，像高瑞、张草、张

---

① 〔丹〕克劳斯·布鲁恩·延森著，刘君译：《媒介融合：网络传播、大众传播和人际传播的三重维度》，复旦大学出版社 2004 年版，第 65 页。

晓达、曹源、刘瑞一、曾辉、李方圆等同学在读研期间,认真学习刻苦钻研,取得了一些研究成果,其中与老师一起发表的学术论文成为了本书的部分内容,在此特向他们的辛勤付出表示感谢。

本书的出版得到了学校、文学院"985项目"的支持,同时该成果也属于教育部人文社科一般项目、国家广电总局部级社科项目的结项成果。在此一并感谢三个单位的大力支持和帮助。

整个书稿的统筹、框架结构以及各个章节段落的修改加工由王长潇完成。诚然,书稿的完善也离不开中国传媒大学出版社的责任编辑细致入微的审校工作。在此对黄松毅编辑以及中国传媒大学出版社表达由衷的谢意。

同时,还要感谢那些在电视媒体、视听新媒体研究领域里的专家学者,他们的研究成果为本书的写作提供了极有价值的参照,书中许多有价值的理论观点、引文数据都是直接或间接地来自这些专家学者公开出版和发表的学术成果,有的已在书中注明,有的或许存有遗漏,在此一并说明并表示由衷的感谢。由于作者水平有限,缺点错误在所难免,欢迎有识之士批评指正。

2014年早春

图书在版编目(CIP)数据

超越传统——电视影像传播的嬗变/王长潇,曾辉著.—北京:中国传媒大学出版社,2014.9
ISBN 978-7-5657-1149-7

Ⅰ.①超… Ⅱ.①王… ②曾… Ⅲ.①大众传播—传播媒介—研究
Ⅳ.①G206.2

中国版本图书馆 CIP 数据核字(2014)第 184852 号

超越传统——电视影像传播的嬗变

著　　者	王长潇　曾　辉
责任编辑	黄松毅
责任印制	曹　辉
封面设计	郭　琳
出版人	蔡　翔
出版发行	中国传媒大学出版社
社　　址	北京市朝阳区定福庄东街1号　邮编:100024
电　　话	86—10—65450528　65450532　传真:65779405
网　　址	http://www.cucp.com.cn
经　　销	全国新华书店
印　　刷	北京艺堂印刷有限公司
开　　本	710mm×1000mm　1/16
印　　张	14.5
字　　数	180 千字
版　　次	2014 年 11 月第 1 版　　2014 年 11 月第 1 次印刷
书　　号	ISBN 978-7-5657-1149-7/G・1149　　定　价　58.00 元

版权所有　翻印必究　印装错误　负责调换